一种相思两处愁

李清照 词传

王臣 著

CS 湖南文艺出版社
HUNAN LITERATURE AND ART PUBLISHING HOUSE

博集天卷
CS·BOOKY

目录
contents

从决定写《漱玉词》、写李清照，到写完它，整件事情都是水到渠成的。也因了这一回的写作，越发坚定了写作需要缘分的态度。缘分是一件非常神奇的事情。它到了，于是一气呵成。它未至，纵使绞尽脑汁也是枉然。这看过去与人与人之间的感情并没有什么区别。

宋词是一片汪洋大海。唐诗也是。而在宋词当中，婉约词宗李清照便是最夺目的那一株锦葩。她若是不被记得深刻，那真是一件应该被责怪的事情。有一些好东西，因为它少，于是更显金贵。也需要有更多、更诚恳、更深炽的感情与之匹配。

李清照在词史、文学史当中都是标志性的人物。李清照的《漱玉词》对后人的影响不可谓不大。旧时女子里，能被称为"第一才女"的人唯有李清照。中国人喜欢好处里的"第一"，我也不例外，有膜拜之心。恰巧此时在重温《漱玉词》，于是自然而然便写起了她。

知道李清照的人不少，知道《漱玉词》的人也不少。但是懂得她的人绝不会成片成群成堆地存在。不过只是零星分布在静默暗处，或为人知，也一定是低调的。

我始终都是缺乏自信的人，这样的人是不幸运的，甚至悲哀得很。我尤其严重。所以，我绝不敢说自己是非常懂李清照的那一种人，但我至少知道，自己心中对李清照的"懂得"绝不单调。它的颜色是与内心深处的血液兼容的，宛如一片。如今把它们晾了出来，暴露在日光之下晒。这让我觉得，它会产生一些好的作用，至少不会是一件坏事情。于是，我就这么做了。

带着一些感情里积淀下来的"懂得"，从《漱玉词》着笔，再一点一点宕开，把李清照的爱恨情愁编织进去。一名女子，无论生活在旧时，还是当下的时间里，感情都会被她放置到重要的位置，甚至是最重要的位置。因此，她的爱便是通往她灵魂深处的捷径。走上去，一点一点往前挪，就越来越近于她内心的那个光源。

李清照的人与文，是一致的清丽，一样地充满光的气味。她是绝品的女子。生命被把持得清洁自如。纵然有曲折、有挫折、有跌宕、有不可预知的舛错，但她携着内心清正的道一点一点化解。从不拖沓。

习惯将她形容成旧时的张爱玲。或者习惯将张爱玲说成是二十世纪的李清照。觉得这两名女子之间有一些不可言说的羁绊。这羁绊无论是确有几分道理还是纯粹的牵强附会，它都绝然会让联想的人内心有一种适应的妥帖感。这感觉一点也不坏，甚至是很美妙的。

读《漱玉词》，读李清照，读到后来，心里头便都是澄净的满满的甘愿与柔软。这个女子的一生都是用濒临爆裂的力量在绽放。由始至终，不休不止。

"物是人非事事休，欲语泪先流。"时间无法丈量她心里的情意流连，如同你我始终无法心如止水地对生命里的曾经假装遗忘。这是她赐予我的道理，也是我赠予你的温暖和感伤。

而我对她与她的《漱玉词》的痴迷到了此时也终于变成一种与时空对望的怅惘。它需要共鸣来解救。于是，我写下这本书，将李清照与《漱玉词》，将内心的"懂得"，传递给更多的人。

若是人一生当中所执念的都能够一一兑现，那么人的这一生将是多么紧迫。于是，有人用去半生的光阴来颠簸红尘，再用半生的光阴修道成仙。文章写罢，情意疯长。

王　臣

二〇〇九年六月

引子

多少事欲说还休

大河百代，众浪齐奔，淘尽万古英雄汉。

词苑千载，群芳竞秀，盛开一枝女儿花。

一

李清照，号易安居士。汉族，祖籍山东章丘。宋代杰出女词人。被后人誉为婉约词"一代词宗"。她出生于宋神宗元丰七年（1084 年），卒年约莫是在宋高宗绍兴二十一年（1151 年）左右。李清照的诗文，后人辑有《漱玉词》，今人辑有《李清照集》。

1987 年，国际天文学会命名水星上第一批环形山，有十五座环形山以中国人的名字命名。其中有一座环形山的名字，就是李清照。她是名副其实的"中国古代第一才女"。

二

宋神宗元丰七年（1084年），李清照出生于今山东章丘市明水镇。父亲是文章名流李格非。母亲王氏相传是宰相、岐国公王珪的长女。因生产李清照的那一日难产，不久离世。后来李格非又迎娶了状元王拱辰二夫人薛氏的长孙女为妻。家境殷实，门第书香。成长环境洁净。

李清照出生不久，生母王氏因难产"早卒"，鳏居并且俸禄微薄的李格非实难对李清照亲力亲为地照顾，因此无奈之下，李格非只能将李清照寄居在章丘明水镇的老家里。于是，幼年的李清照在明水老家里跟随祖父母一同生活。

因祖父是前朝官员，文化修养不俗，家中藏书较多。而此时李清照的伯父李辟非尚未"知凤翔，麟游县事"，依旧在老家勤学苦读，因此李辟非也顺便担负起教导李清照的责任。

李清照可以一边跟随祖母、伯母以及乡里姐妹一起学做女红，一边随着致仕返乡的祖父或者勤苦读书的伯父染习诗书。这一些教育成为李清照学习生涯里至关重要的启蒙。

宋哲宗元祐元年（1086年），李清照三岁左右的时候，李格非继娶状元王拱辰二夫人薛氏的长孙女，并产下一名男婴，名为李远。十年之后，宋哲宗绍圣三年（1096年），李格非将李清照接到汴京的家中。

至此，李清照开始了她人生当中最郑重的旅程。因为，在汴京，她遇到了她这一生里最重要的那个男人，以及与之相度的那小半生。

多少事欲说还休 引子

005

三

遇到赵明诚的那一年，李清照十七岁。初相见，相见欢。她不紧不慢地将那个男人攥在手心里，不需要用任何的手段，只须一颗明净的慧心。这是只有赵明诚与她自己才能了解的默契，仿佛是前世宿命的约定。这一生，他们十指相扣一一践行。

宋徽宗建中靖国元年（1101年），二十岁的赵明诚与十七岁的李清照结为连理。佳偶天成。

新婚宴尔，二人情浓。虽然赵明诚贵为当朝高官赵挺之的三公子，但丝毫没有不学无术的纨绔之气，且才华横溢，又十分热爱寻访收集前朝的金石碑刻和文物字画。

在李清照嫁赵明诚之后，夫妻两人便共同致力于金石碑刻和文物字画的寻索收藏的事宜。这也成为夫妻二人婚后生活里最为郑重的事情。

但这不是果。它是脆弱的始，映照了多年后脆弱的末。所谓"浮槎来去，福祸相依"，小爱敌不过大乱。"元祐党争"的祸乱蔓延到这对新婚宴尔的情人身上。因李清照与赵明诚两家分属旧党和新党两派，脉脉温情渐次嶙峋。

宋徽宗崇宁二年（1103年）至崇宁五年（1106年），李清照可能离开了赵家，重新回到老家的百脉泉边暂居。这是因"元祐党争"的祸乱导致的李清照与赵明诚婚后的第一次分离。

宋徽宗崇宁五年春正月，宋徽宗销毁了元祐党人碑，并大赦元祐党人。政治气氛得到缓和，李清照回到赵家。同年，赵挺之在与新党头目当朝宰相蔡京的政治斗争中赢得一次胜利。蔡京被罢去相位，赵挺之取而代之，位极人臣。

宋徽宗大观元年（1107年），世事无常。仅约莫一年的时间，蔡京因善于结党营私，使尽手段重新担任宰相。赵挺之终于彻底败下阵来，心力交瘁之下，于辞官五日之后便猝然去世。终年六十八岁。赵挺之之死标志着赵家的败落。

宋徽宗大观二年（1108年），赵 家兄弟迅速遭到了蔡京的迫害，并于当年被迫离京。二十四岁的李清照与丈夫赵明诚退居于山东青州，屏居十年。青州十年生涯，是李清照生命当中最金贵的欢悦时光。朴素单纯，情意欹挚。夫妻二人赌书泼茶共同致力于金石文物的研究，并完成了《金石录》的撰著。

赵明诚曾于此期间用十六个字概括了他心目中的李清照。他在《易安居士画像》上题词道："易安居士三十一岁之照。清丽其词，端庄其品，归去来兮，真堪偕隐。"通透完全。对李清照而言，恐怕再无比这更合适更令她称心的评说了。

宋徽宗重和年底（1118年），李清照与赵明诚的十年青州隐居生活结束。赵明诚回到汴京城广事交游。他以自己屏居十年建构出的书史百家学问和识度得到了亲友故人的高度认同。

宋徽宗宣和二年（1120年），赵明诚复仕。赵明诚与李清照第二次分离。至宣和五年（1123年）这段时期，赵明诚任莱州太守。

宋徽宗宣和六年（1124年），赵明诚平调淄州。宣和七年（1125年）十月，金兵南下。宋钦宗靖康元年（1126年），金兵攻陷北宋都城开封。靖康二年（1127年）三月，北宋灭亡，史称"靖康之变"。是年五月，南宋建立。李清照南渡。

宋高宗建炎二年（1128 年）八月，赵明诚出任江宁知府。次年三月，赵明诚因"缒城宵遁"事件被罢守江宁。五月，因国难当头，朝廷急需用人，赵明诚被重新起用任命为湖州知州。赵明诚为洗前耻，急于赴任，不顾炎夏酷暑，连日纵马赶往建康面圣。八月，劳顿交加之下，染上疟疾，病逝于建康。

这一年，赵明诚四十七岁，李清照四十四岁。至此，李清照与赵明诚的千古称羡的情爱佳话以赵明诚之死告终。

在李清照与赵明诚生活的二十八年里，两人相爱、相敬，情意诚坦，志趣相投。纵使波折再三，但不离不弃是终局。这是爱情里最大的美德。在爱情的对弈里将爱情的真意融在时间里，流转成为彼此生命里最为盛大的图腾。

只是，人的情可无期，人的寿却有限。时光一莞尔，便物是人非。这便是"情深不寿，情深天妒"的道理。

四

宋高宗绍兴二年（1132 年），李清照病倒。赵明诚死后，李清照携上赵明诚与自己收集的文物字画独自辗转，流离颠沛。一名弱质女子担当着生命难以承受之重，结局是注定的凄哀。

此时，李清照的第二任丈夫张汝舟出现。他在最"恰当"的时机出现在李清照的生命里。错的人在对的时间出现是无奈，是苦痛，甚至是灾难。

张汝舟出现的时机是在李清照重病不起、"牛蚁不分"的时候。这个时机对他而言，恰到好处。只因他不经意间在人群里听来的李清照身边价值连城的金石文物，他策划了一场轰轰烈烈的闹剧。

他百般殷勤，费尽心机，从李清照的弟弟李远之处为自己打开进入李清照生活的通道。那时候，他依然"衣冠楚楚"，伪善的嘴脸被掩饰得没有丝毫破绽。李清照弟弟李远被骗。但此时，当他知道李清照手里的文物只剩寥寥并且他丝毫不被赋予接近的机会时，他终究摘下面具，变成一匹豺狼。对李清照恶语相待，甚至大打出手，卑劣行径令人发指。

幸的是，李清照不是寻常女子。她用来应对这一切匪夷所思的灾难的方式震惊旧时人：离婚。

李清照将张汝舟告上公堂，丝毫不惧旧时女子告夫将带来的牢狱之灾。因张汝舟人品低贱，曾舞弊入官，历史不洁，李清照弟弟李远借机将他罪行揭露，张汝舟被除名流放到柳州编管。九日之后，李清照因此便离开囚牢。于此，这一段"再嫁"的羞耻难事告终。

她不惊不悲，不哭不闹，安安静静妥妥当当地将这一切摊开在日光之下。如此，她重回到属于她自己的洁净世界。

五.

再后来是安稳，后来的后来是寂静。李清照的晚年生活可以用两个字来概括：清简。她承言继志，她后序金石，总结自己与赵明诚的半生缘，总结自己颠沛流离的一辈子。

这便是她的夕阳岁月，是只属于她自己的桑榆暮景。"物是人非事事休，欲语泪先流。"莫道不销魂？

　　约至宋高宗绍兴二十一年（1151年）前后，李清照去世，走完了她充满传奇色彩的一生。"一代词宗"李清照，终于在那比漫长更漫长的时光里，沉下。

词话一

湖上风来波浩渺

忘归路（如梦令）

常记溪亭日暮，沉醉不知归路。

兴尽晚回舟，误入藕花深处。

争渡，争渡，惊起一滩鸥鹭。

——李清照《如梦令》

那是几岁的年纪我已经记不得，但是我依然还是隐约可以看得见那个白衣少年手里捧着那一册边页泛黄的书时的荧荧流景。他在最单纯的年纪读到了最澄净的一首词。这是多么的幸运。读词许多年，追忆源头之处，是再一次地听见了它的朗朗上口。

摊开这首《如梦令》的时候，那一些旧时情景跃然纸上，仿佛能够看得见那时候李清照的活泼欢快和明丽妍艳。李清照的少女时光是一条欢悦的溪，充满着粉嫩光阴里的不可思议。

那时，她还住在山东章丘明水镇的老家里。那时，她的人生还只是一面尚未盛放的旌帜，只是摇曳出多丽的微微生姿，带着最朴素的生活理想。

她说，她常常会忆起少女时代的自己，在溪边的亭子里游玩直到太阳落山才有幡醒的意识。只是，那心里积攒下的快乐仿佛是一口一口的清酒，饮时清爽却是后劲十足。身体、精神连同日光一起微醺。

游兴满足的时候已是天黑时分，往回划船荡在溪里，不知不觉中就划进了荷花荡里。少女游荡在水泊之上，看着惊起的满滩水鸟。那时候的她，心里是极为干净的。清澈通透，未经世事的一尘不染。

这首词的词牌有一些说头。胡仔在《苕溪渔隐丛话》书写过这样的话："东坡言，《如梦令》曲名，本唐庄宗制，一名《忆仙姿》。嫌其不雅，改名《如梦》。庄宗作此词，卒章云：'如梦如梦，和泪出门相送。'取以为之名。"《如梦令》的原名叫作《忆仙姿》，相传是后唐庄宗李存勖所作，因嫌其名不雅遂取尾句"如梦，如梦，和泪出门相送"中的"如梦"得名。

曾宴桃源深洞，一曲舞鸾歌凤。
长记欲别时，残日落花烟重。
如梦如梦，和泪出门相送。

李存勖的这首《如梦令》所营造的意境，是一个迷蒙孤寂的场景。那一回的欢宴之上，他瞥见了丛烟里嫣然泰定的她。那一对望，仿佛穿透了彼此几生几世，仿佛那些命里的债注定要在这一刻清算完毕。

他知道自己这一生都不会忘了这一日的聚首。和泪相送的痛，不是求不得，是不能求。所以，他说，"如梦，如梦，和泪出门相送"。

情事里的孽债向来都是不分公允的，肆意折难那些痴男怨女。后唐庄宗也不能例外。于是这首小令，读来让人觉得细腻忧伤，婉丽多姿。但因着作者心里的情太浓重，于是这首词作起来总不会那么顺畅。它需要雕琢，那也是一个对自己内心情感做出评断的过程。

所以，字斟句酌造就了它的情意担当，却也因此使得它和李清照的《如梦令》相对照时有了逊色之处。因为李清照的《如梦令》不事雕琢，富有一种自然之美。纯真，朴素，流畅，安静，往复不惊。婉丽清净当中却又自有一道无法言说的力。

李清照这一首《如梦令》旨在忆昔。寥寥数语，是随意而出，但也惜墨如金，字字清美，句句意深。醉兴之情在日光稀薄之时、在意兴阑珊之际依然保持了最原始的纯洁天真。

这是李清照最广为流传的一首词，而后人对这首词的探究也最为深刻到位。关于词里的第一个字"常"是否有误古今有异。这是被多数人忽视的一个细节。《百家唐宋词新话》里有一段话专评此字：

唐圭璋：李清照《如梦令》第一句云："常记溪亭日暮"，"常"字显然为'尝'字之误。四部丛刊本《乐府雅词》原为抄本，并非善本，其误抄'尝'为'常'，自是意中事，幸宋陈景沂《全芳备祖》卷十一荷花门内引此词正作"尝记"，可以纠正《东府雅词》之误，由此亦可知《全芳备祖》之可贵。纵观近日选本，凡选清照此词者无不作"常记"，试思常为经常，尝为曾经，作'常'必误无疑，不知何以竟无人深思词意，沿误作'常'，以讹传讹，贻误来学，影响甚大。

虽然"常"依旧为流传本里的字，它是否确实被误传也尚未确证，但单凭这一点，足以反映出李清照当时盛名在外。对于一个"文章落纸，人争传之"的才女而言，即使流传下来的词章里真的出现疏漏也是可以理解的事情。

整部《漱玉词》映照了李清照的一生，而这一首《如梦令》真是牵系了李清照这丰盛的一生里清明香丽的始端。纯洁，清美，鲜艳，婉丽。这一刻，于晨雾里念起那个叫作"李清照"的女子，才恍然发现彼此之间却已横亘浩浩汤汤九百年。

某年某月某日，某一个清温的时刻，当你拈起这首小词吟上口时，你定会觉得那一刻仿佛真的于大明湖畔遇见了十六七岁的她，初见了她——李清照的正大仙容。

卷帘人（如梦令）

昨夜雨疏风骤，浓睡不消残酒，

试问卷帘人，却道海棠依旧。

知否？知否？应是绿肥红瘦。

——李清照《如梦令》

那一年暮春。她的身体和心智倏然之间茁壮起来，仿佛是一夜长大。少女总是带着隐隐不明的神秘力量，那一种纯洁的内核里渗透的气场总能牵绊住周遭的物象之流。而此时的她更是亭亭玉立，具备蛊惑时光的能量。

她也知道，自己开始变得优柔敏感，身体里不经意之间竟已种下了一朵含苞待放的大丽花。

阳历三月末，草木旺美。只是她放眼望过去，依然可以觉察出那萎靡之细微。那些红的蓝的黄的花仿佛已不如寒食时浓密艳丽了。唯有那海棠，始终新艳欲滴，形韵俱胜，令她爱赏不已。临水照花，花欲乱，人难眠。没有人知道，她开始需要一个怜恤自己、珍爱自己、懂得欣赏自己的男子。

侍婢走上前对她说，半盏清酒一枕眠。于是她对月自斟，低眉独饮。企望换得一夜安眠。少女失了眠，那是光阴的罪过。谁来把她赏，谁来将她怜。那一点点思春的心思被那萧索夜雨放大到羞耻的地步。她坠落进自己一个人的儿女情长里无法自拔。于是她唯有借那半盏清酒换得一枕安眠。

不料一夜寤寐不仅未能消却她心里的少女新愁，那愁竟又浓重了几分。残留的酒意带着半梦半醒的恍惚，她于荫翳浓愁里窥得那光天化日之下遮不尽的萧索。于是，只见她唤来侍女问道：那帘外海棠是否有了消瘦。侍女却道：海棠依旧，小姐勿忧。

这一问一答的意义本来就不在侍婢的言语映照当中，那是局面已定的惜春清愁。只不过她是要找得一个时机说出来罢了。——知否？知否？应是绿肥红瘦。

这首《如梦令》虽不过只是尺幅小令，但却能在李清照的笔端含纳下如此丰盛的容量。浓情厚意在她的清丽之辞下不紧不慢地淌出来。既优雅又壮观。"绿肥红瘦"一语更是博得诸家盛赞。

宋人胡仔在《苕溪渔隐丛话》里说，"近时妇人能文词，如李易安，颇多佳句。……'绿肥红瘦'，此语甚新。"宋代词评家陈郁也在《藏一话腴》里说："李易安工造语，故《如梦令》'绿肥红瘦'之句，天下称之。"

有学者认为李清照的这首《如梦令》创作始源在唐诗里，源自唐诗人韩偓的这一首《懒起》：

> 百舌唤朝眠，春心动几般。
> 枕痕霞黯淡，泪粉玉阑珊。
> 笼绣香烟歇，屏山烛焰残。
> 暖嫌罗袜窄，瘦觉锦衣宽。
> 昨夜三更雨，今朝一阵寒。
> 海棠花在否，侧卧卷帘看。

话虽如此，但是李清照的词相较前人的诗作，出众之处在于她的词有问有答，主情致，多故实，音律协和、趣致高雅、意境浑成、妍丽丰美。而此时的李清照不过芳龄十六七。正所谓"青出于蓝而胜于蓝"。她的词里可以真正见出紫气红尘春光明媚来，带着旧年香，盈在红袖里。

不过，李清照并非只是知道莺燕娇软、风雪温柔的深闺小女子。李清照之所以成为李清照，之所以能够在中国文学史上大放异彩，不只在于她的八斗才情，她那不让须眉的见识见地亦是她载入史册的一笔浓墨重彩。

相传，唐代肃宗时，大诗人元结为了纪念平定安史之乱特地撰写了《大唐中兴颂》，并由大书法家颜真卿书写镌刻在浯溪石崖之上。到宋哲宗元符二、三年间，当时被誉为"苏门四学士"之一的张耒创作出了《读中兴颂碑》，以此来歌颂郭子仪平定安史之乱的丰功伟绩。

这首《读中兴颂碑》在当时受到人们的好评并且广为传颂。但是，年仅十六七岁的李清照却对此诗背后的历史真实另有感悟，于是她也拿起笔唱和了两首。

张耒的《读中兴颂碑》太官方。而李清照的体悟从历史的细微之处入手，见皮见肉见血见骨。李清照此刻如同一名铿锵少年郎，铮然凛冽。

她咏史言志，静心静气地将真相从历史里拖拽出来，置于人面前，置于人眼目之下。一点一点分析安史之乱的历史原因，亦毫不避讳地指责平定安史之乱后唐玄宗与唐肃宗的父子内讧。她知道，盲目的歌功颂德不过只是流连于须弥之间的虚妄。

历史的意义应当在于给予后世经验、给予后人智慧。而功德自在人心，自在这广天广地之间。无须标榜，因为时间记得。

李清照这一些异于寻常女子的高远见地的生长与其父李格非的生活及李格非为女儿所营造的成长氛围关联密切。李格非与当时如"苏门四学士"等一批士大夫的交往对李清照的思想意识与才力的成长影响十分深重。

清人陈景云曾将李格非、李清照父女比作蔡邕、蔡文姬父女二人。他说："其文淋漓曲折，笔墨不减乃翁。'中郎有女堪传业'，文叔之谓也。"洵非虚誉。

李清照不负所望。她终将自己深切地铭刻进那一山一水一纸一墨里将光阴征服。以她的智慧，她的性情，连同她此时此刻被我读到的怜人。

波浩渺（怨王孙）

湖上风来波浩渺，秋已暮、红稀香少。

水光山色与人亲，说不尽、无穷好。

莲子已成荷叶老，青露洗、苹花汀草。

眠沙鸥鹭不回头，似也恨、人归早。

——李清照《怨王孙》

暮秋时令，天空明朗。

清风徐来，水波不兴。

只见那浩渺涟漪层层漾开，仿佛要染湿了红稀香少的境地。她看在眼里，氤氲在心里。莲子已成，荷叶已老，但莲花清香袅袅。那浸泽于清露的汀边花草也依然是娇艳惹人怜。

岸上水鸟簌簌飞开，仿佛是对早归的游人生出了怨怼之心。飞鸟有意人心却沦落至如此寡淡的地步，只见行人都早早离了去。但这一场一场的景在李清照的眼里始终都带着光辉。

最摄人心魄的始终都是自然美。人为的雕琢不过只是一种道貌岸然的减损，丝毫不能对原始的美有所超越。但是这个道理并非人人都懂。李清照明白，如同身边突然袭来的人情，在她独自袅娜的十六年光阴里不曾出现的爱热在这一刻让她觉得是不能迅速适应的。于是，她走出了闺阁。即便她知道这一次来到汴京生活所遇到的"雕琢"都是必须且温情脉脉的。

十六岁的初春，李清照离开了生活十几年的明水镇，来到汴京，与父亲李格非、继母王氏以及王氏所生的一个六岁大小的弟弟李远开始了生命里的另一段旅程。生命如旅，你我都不过只是匆匆旅人。行路。偶尔转身。始终往前。这是生命的路数。

那个时候，她尚未遇见赵明诚。汴京的所有对她而言都是陌生的。人与物与时间与地点的关联就如同人与人之间的因缘际会，需要缘分和酝酿。于是在彼此尚未热络的这一刻，她是寂寞的。

虽然继母王氏是贤惠通达的女子，父亲李格非对她亦是百般关爱。但是要知道，人情抵不过光阴的凉薄。毕竟他们异地分居长达十六年的时间。即便偶有相聚，但也只是短暂的，并不能填满她内心空洞的缺失。于是，她会对旧日时光做出怀念。

这一首《怨王孙》大约是李清照初到汴京时所作，或者，离开明水镇的水路上所作也有可能。但这一点并不重要，重要的是这首词里她所需要表达的意念。纯澈，深情，天然。甚至她眼里的一草一木一沙一石都显出与众不同的新美。她将自己沉坠在里面。

这首《怨王孙》里的景致并非汴京城中的。它应当是汴京郊外，又或者是李清照的老家明水镇上的风物。我更愿意将它当作是李清照念想里的一次超逸与洒脱，更愿意将它们当作是她离开明水镇的最后一瞥所刻进脑子里的画面。这一份欣悦更像是回忆里才能生出来的。因为它的一尘不染，因为它的清清爽爽。

词以婉曲为贵，沈义父在《乐府指迷》里说"用字不可太露，露则直突而无深长之味"，但李清照这首词确实直抒胸臆却也不被觉得有丝毫的不妥。而这恐怕也是《漱玉词》里又一殊胜之处。辞美不如情意真，这句话是没有错的。

李清照词里的秋静美得出类拔萃，这暮秋里的风物在她这一来一回一承一合的描摹里，仿佛成了倾城的出浴女子，美不胜收。于是她仿佛当真说服了自己，说服了时间，说服了心底的忧悒与不确定。

从宋玉在《九辨》说出那一句"悲哉秋之为气也！萧瑟兮草木摇落而变衰"开始，自古写秋的词作，多流于伤情。沿此而下，她的这首《怨王孙》在众多悲秋词里便如同一朵濯染了天地灵气却不惹一片尘泥的莲。不著一"悲"字，十分清丽空灵。有一种卓尔不群的清净。

定然亦会有人在此处想到欧阳修那一篇《秋声赋》，也是取秋入文的辞章里不言悲秋的佳作，但欧阳修的文不如李清照这首词来得单纯明确。

"人为动物，惟物之灵"。人生不过一回匆匆游转，生息兴灭于弹指一瞬。欧阳修想说的不是瑟瑟秋声，却正是这言时有难色的生之蹉跎。欧阳修站在光阴经久的一个高度，默念着这历历来路，铿锵有力。

李清照在作这一首《怨王孙》时，亦不过只是人生初遇辗转，此刻纵使她心底对生命的轮转有所了悟，也决计不会料到自己前半生后半世的殊途方寸。

二八年华，才力华赡，却尚不知那"林花谢了春红，太匆匆"的销魂蚀骨之痛。此一刻，光阴对她并不薄，她对光阴也尊崇。

影沈沈（浣溪沙）

小院闲窗春色深，
重帘未卷影沈沈，
倚楼无语理瑶琴。

远岫出山催薄暮，
细风吹雨弄轻阴。
梨花欲谢恐难禁。

——李清照《浣溪沙》

春色已深。

她懒懒地朝窗外望过去，光线透过半垂的帘落进沉沉的影来。这世间的一切的红花绿草仿佛都与她失去了关联。她心底按捺着的那一点春心也在这清风摇曳的日间被风一并吹散了去。她恨不能丢出一张密实的网一把将那少女的一点欲念网住。独自凭栏无语，只见她幽幽转过身抚弄起瑶琴来。

远山，苍青。云翳，深白。云出云归，时光亦随之荏苒，不觉晚景催逼。她怔怔地看着这光阴从睫毛之上淌过去，无法为之做出丝毫努力。夜来更兼细风吹雨，轻阴漠漠。

这傍晚的斜风细雨如同蛊惑人心的药剂，将人心里的指望一点一点熄灭殆尽。人若梨花，怕是经不住这风一吹雨一打的绞磨。只能悲悲地谢去，带着故作潇洒的姿态。

李清照是看透了自己内里的软弱之处。她陷落在无爱的恐慌里不能自拔。于是，她作出了这首《浣溪沙》。此时此地，她是倚窗无语顾影自怜的小家碧玉。她的忧伤也是十六七岁的年纪里天经地义的事情。

十六七岁，那是许多人初恋的年纪。白衣飘飘的少男少女牵着彼此温暖的手说着温情脉脉的话。那里有愿望，有多年之后也兑现不了的温暖和诺言。但那是一幅画，是一幅暖生之绘。

你会甘愿赴汤蹈火竭尽所能去操持着这一段至纯至美的仪式，即便它的背后隐藏着一场更为忧伤的告别式。而她，独居深闺的此刻，连一场告别与心痛的资格都不能获得。

人常常都需要慰藉。物质上的，感情上的。而通常这两个层次上的需索总是有承转的关联。在物质上得到满足的人总比物质上贫穷更需要情感生活。因为感情，始终是更高层次的追求。而人心之恶的始端总在于难能满足，但在感情上的这一点却又是显得如此理所当然。

这时候李清照早已离开明水镇，居住于汴京城。父亲李格非此时在朝廷担任礼部员外郎，提点京东行狱，从六品官。虽然官位并不煊赫，但也足以为李清照提供一个相对优裕的家境，过上较为富足的生活。于是，她的闲暇时间所可以去思量的事情轻易便会落到诗书上，落到女儿心、女儿情意里。

这首《浣溪沙》词因女儿心窄，于是意境并不宽阔，但是仍旧十分娴雅。如同来时云去时雨，轻慢地转身刹那，那份婉转的心思便已跃然纸上。

侯孝琼教授曾评说这首词道："写闺中春怨，以不语语之，又借无心之云、细风、疏雨、微阴淡化，雅化，微微逗露。这种婉曲、蕴藉的传情方式，是符合传统诗歌的审美情趣的。"沈际飞本《草堂诗余》说到这首词时用的那一句"淡语中致语"真是精准妥帖。

此词常误作周邦彦的词。周邦彦，字美成，号清真居士，钱塘（今浙江杭州）人。他少年时性情疏散。喜读书，且不遗余力。精通音律，作下不少新词调。格律谨严，言辞精雅曲丽，为后来格律派词人所宗。词多写闺情之致羁旅之思，亦有咏物之作。旧时词论称他为"词家之冠"。有《清真居士集》，后人改名为《片玉集》。

曾从《片玉集》里摘下一首《浣溪沙》词印制成书签，放在赠予友人的书籍里。而周邦彦的那一首《浣溪沙》比李清照这一首意境更大气、情意更质朴，读来更让人赞喜。他没有女儿家浓软的心思，他有的只是一个沉健的男子应当具备的厚重乡情。这是为人最纯善的素质。

楼上晴天碧四垂，
楼前芳草接天涯。

劝君莫上最高梯。

新笋已成堂下竹，

落花都上燕巢泥。

忍听林表杜鹃啼。

　　他登高远望，无尘埃障目，无浮翳蔽天。仿佛他一眼便能洞穿那清旷天地之间的虚妄。这一刻，他便如同那碧色摇曳的连天芳草，生姿萧索。劝君莫上最高梯，只因那"山映斜阳天接水，芳草无情，更在斜阳外"。

　　离了乡，离了母，游子心头那最后的牵绊在这一刻被凝成一束光穿透了他的胸膛。他清清楚楚地看见了自己孱弱的内心里如若杜鹃啼血一般的哀伤。新笋已成堂下竹，落花都上燕巢泥。这光阴就像是一场充满讽刺意味的哲学游戏，一点一点吸干掉身体里的血水。清醒回望之时却发现来路早被蒿草埋。

　　回不去了。

　　旧时人心质朴，背井离乡的旧日必定成为生命里十分沉重的一道垭口。独自踟蹰在异他乡必要担当心里的大痛。那是血脉里割不断的牵绊，是至死不渝的一种情念。

　　周邦彦更是情意中人，他无法也不愿意乔装出一身潇洒。向世人说出一句婉绝流连的"叶上初阳乾宿雨，水面清圆，一一风荷举"的周邦彦所流露的也应当是这样一种温文尔雅的绵绵情意。

　　我以为，也只有如同周邦彦一般内心深情沉健的男人才是李清照所期待的。

隐花钿（浣溪沙）

淡荡春光寒食天，
玉炉沉水袅残烟，
梦回山枕隐花钿。

海燕未来人斗草，
江梅已过柳生绵，
黄昏疏雨湿秋千。

——李清照《浣溪沙》

时至暮春。闺中风暖，陌上草熏。她着一身绿衣裳，脚踩一双青莲紫的软缎绣鞋，缀着淡雅的皱菊纹路和一圈玉如意的花边，头枕玉臂欹枕凝神，沉寂于半梦半醒之间。

时间在双目的一张一合里消耗殆尽。此时闺房里的香料已经燃尽，唯剩轻烟袅袅而起。她恍然之间如梦初醒。望那窗外春光明雅茜丽，自己却神散于那沉香、花钿、山枕之中。身心两异，惶忧不已。

但见屋外女妇喧喧笑语，斗草乐活，而那海燕此时却是经春未归。她将窗外的一草一木，别人的一颦一笑记在心里，仿佛要将它们烙刻下来轻薄自己的寂寞。寂寞是一种病。

少女的寂寞虽忧伤却不寒，那是一种带着温暖的希望。纵使她仍旧带着小女孩的惊慌，纵使她的双足仍旧绊在往事的门槛里，但她那一张眺望的脸却早已探出了门外。

关于词里说到的那个叫作"斗草"的游戏曾在读书的时候读到过相关介绍的段落，至今印象深刻。"斗草"，南北朝时称"踏百草"，由此开始盛行此俗。

到了唐代被称作"斗草"或者"斗百草"。它原来是端午节的一项娱乐习俗，南朝梁国的宗懔曾在《荆楚岁时记》里记载："五月五日，四民并踏百草，又有斗百草之戏。"后来这项风俗被推广，不再拘于端午这一日。

"斗草"的游戏分为"武斗"和"文斗"，多为妇女孩童所喜。"武斗"是以草柄相勾，捏住相拽，断者为输。而"文斗"就是对花草名。女孩子采来百草，以对仗的形式互报草名，谁采的草种多，对仗的水平高，坚持到最后，谁便是赢家。这样的游戏是需要智慧与才华的乐活。

外面小螺和香菱、芳官、蕊官、藕官、豆官等四五个人，满园玩了一回，大家采了些花草来兜着，坐在花草堆里斗草。这一个说："我有观音柳。"那一个说："我有罗汉松。"那一个又说："我有君子竹。"这一个又说："我有美人蕉。"这个又说："我有星星翠。"那个又说："我有月月红。"这个又说："我有《牡丹亭》上的牡丹花。"那个又说："我有《琵琶记》里的枇杷果。"豆官便说："我有姐妹花。"众人没了，香菱便说："我有夫妻蕙。"豆官说："从没听见有个'夫妻蕙'！"香菱道："一个剪儿一个花儿叫作'兰'，一个剪儿几个花儿叫作'蕙'。上下结花的为'兄弟蕙'，并头结的为'夫妻蕙'。我这枝并头的，怎么不是'夫妻蕙'？"

这是《红楼梦》第六十二回里的一段。说的是贾宝玉生日那天，众姐妹们安席饮酒作诗之时各屋的丫头也随着主子自己取乐，几个丫头便各自采了些花草，斗草取乐。之外，晏几道的那一首《临江仙》也曾写到"斗草"。

斗草阶前初见，穿针楼上曾逢。
罗裙香露玉钗风。靓妆眉沁绿，羞脸粉生红。

流水便随春远，行云终与谁同？
酒醒长恨锦屏空。相寻梦里路，飞雨落花中。

李清照写的是孤独，但这一首《临江仙》不是。它的情意所在藏于时光深处的记忆里面，与她初见于斗草阶前。"人生若只如初见，何事秋风悲画扇？等闲变却故人心，却道故人心易变。"

一个女人期许未至的爱，终有一天要成为一个男人记忆里面的一幅花鸟仕女图，而不知梦里花落多少。这个道理人人都懂，但是又都不愿意去懂。李清照尚未拥有，而晏几道早已失去。这是晏小山的哀伤，却是李清照的渴念。

李清照在新蕾初绽的这一刻对爱寄予了最饱满的热望。她并不是嗜爱成瘾的女子，她清楚自己要的并不多，于是她懂得为之倾付所有，不遗余力。这是一个或漫长或短暂的等待，是一场猜不透结局的赌博。但是人人甘愿，哪怕覆水难收。

几家欢喜几家愁，李清照知道自己的能量，她令时光成为她的辅佐。她的忧愁和孤独也成了她奉上的赌注。旧时女子婚嫁之时必当需要尊崇的"父母之命，媒妁之言"的原则在李清照这里遭到贬值。她的等待是一种自主选择与筛选的过程。

她将得到她需要的、适合她的，那一个实力与自己想当的对手。后来的事实证明，她是对的，她遇到了那个叫作赵明诚的男子，那个爱情里最好的对手。

李清照这一首《浣溪沙》情意细腻婉转，笔触也含蓄优雅。吟在口中，仿佛于幽深巷弄里忽逢一地阑珊落花。

那一种情趣并不是文字可以描述生动的，它存在于吟颂时吟颂后的心里面，积蓄酝酿，然后散发出沁入骨血的清香，带着词人对爱的渴念里的淡淡忧伤。恰到好处。

掩流苏（浣溪沙）

髻子伤春慵更梳，
晚风庭院落梅初，
淡云来往月疏疏。

玉鸭熏炉闲瑞脑，
朱樱斗帐掩流苏，
通犀还解辟寒无。

——李清照《浣溪沙》

屋外——春寒料峭，梅残花落，晚风在庭院里留下萧索的痕迹。风吹云动，夜光阑珊，凄凉境地里隐藏着新春的惑众与繁丽与无限生机。屋内——宝鸭熏炉里的瑞脑香燃尽消歇。红樱斗帐为流苏所掩，帐上通犀驱寒不成反添凉。凉由心生的无欢。

彼时的天真快乐如今涤荡成少女的幽婉。相随梦里路，飞鱼落花中，人花不相宜。那景，越是看得深，这人，越是觉着冷。若是他能从身后悄悄靠近自己的身，伸出宽阔臂膀揽住自己这一点零落的娇弱和需索，那会是多么美丽的事。但是，梦醒成空，花落不问君心。

她叹的那口气，仿佛是一次模棱两可的吊唁。成长的代价是需索的盛大，而孤独的力量足以将太多的人击垮。虽然李清照清楚自己终将赢得最后的那枚笑，只是这艰辛的等待漫长到不可思议。她望着镜中自己凌乱的发髻，不觉憔悴，只觉单薄。描红为谁，画眉为谁，这肩胛上消瘦冰冷的锁骨又有谁可以来替自己暖一回。

不确定这首词是李清照待字闺中时所作，还是嫁予赵明诚之后丈夫外出独守空闺时所写。翻查资料未果。但必定有一个事实承载着李清照投放在这首词里的情意，那就是芳年正好的李清照独自幽幽的状态。那一轮又一轮的昼长夜漫是她在独自一个人度过。

这是无奈的事情。因为那一些等待、孤独、煎熬、忍耐，都是因缘际会与命理的注定。谁是谁的果，谁是谁的因，都有稳妥的路数。若是李清照提前遇见赵明诚，若是李清照身体里的能量尚未积存到恰好的分量，那么，一切也未必会有后来。遇见得早不如遇见得巧，不存在任何的遗憾。这就是情意里的因果。

依然是一首词意有一些逼仄的伤春词，但立意伤春的词能做到如此格高韵胜的也是极少的。整首词首末两句是要拣出来说的。

湖上风来波浩渺
词话

023

《诗经·卫风·伯兮》里说："自伯之东，首如飞蓬。岂无膏沐，谁适为容？"她也说"髻子伤春慵更梳"。其实说的是一个道理。女人所映射出的美是她们谋爱的手段，它必当与固定的那一个男人形成必须的对应。如果那个人不在或者尚未到来，爱情便不得条理，更何况是眉目妆容。而后沿此，那情意便一点一点汇聚起来，落笔成花。

末句"通犀还解辟寒无"，词意极为婉转，怨而不怒。如神龙掉尾，回应了首句。至此，李清照意识里盘桓的那几缕伤感戛然而止。整首词境不紧不温柔敦厚慢，如同上好香片，饮来缓缓入心。

依然是一首词意有一些逼仄的伤春词。并且这深闺寂寞的情意在此词中表达得稍有局促，南唐中主李璟的那一首《摊破浣溪沙》才将这种情意表达到了极致。让人读后宛如暖暖风尘里迎见前世今生里的知己，个中况味如身亲临一般，深刻得让人惊惶，读罢却又觉情意往复，齿颐留香。

手卷真珠上玉钩，依前春恨锁重楼。
风里落花谁是主，思悠悠。

青鸟不传云外信，丁香空结雨中愁。
回首绿波三楚暮，接天流。

李璟，字伯玉，徐州人氏，是南唐烈祖李昪的长子。好读书，多才艺。"时时作为歌诗，皆出入风骚"，他的词不事雕琢却字字清雅诚坦意味琳琅。且不论他治家治国之处的短处，只来读他这一首《摊破浣溪沙》。

他是在写女子，那种陷入无爱恐慌里的嗜爱女子，或者情心笃定处境伶俜的孤独女子。她们不是两类人，是一种人，李清照这样的人。手卷真珠上玉钩之时，已是春恨绵绵。风里落花无主，青鸟不传音信，丁香雨中空结。

无望不会是终局，却让奋发的心头生出颓然的悲戚。一抬头，一举手，一张望，一顿足，一颦一笑里都充满着"风里落花谁是主，思悠悠"的意念。这种意念是忧伤的，却又是让人沉迷的。生命总在柔软之处更加有质感。

李璟的这首词雅洁又深沉，婉丽亦宽旷。而它的好，就在于末了的那一句"回首绿波三楚暮，接天流。"词出男儿笔下，那骨血里的宽阔与大气总要在意兴之时坦露出来，那是无法遏制的天性。于是，这首词便比李清照的显得畅达、深广。

但立意伤春的词能做到如此格高韵胜也是极少的。李清照这首词的清妙也是殊胜的。明人沈际飞在《草堂诗余续集》里评此词说了一句"话头好。渊然"。一言以蔽之。

这个女子落笔填词的撇捺之间怕尚未参透命里玄机。她依然只如初涉世的纯洁少女一般端然于这一头凝望。望那比漫长更为漫长的虚妄，在这喧嚣尘世以等待的姿势流盼。

琥珀浓（浣溪沙）

莫许杯深琥珀浓，
未成沉醉意先融。
疏钟已应晚来风。

瑞脑香消魂梦断，
辟寒金小髻鬟松。
醒时空对烛花红。

——李清照《浣溪沙》

时光如酒似琥珀。

人人都在这被反锁的光阴里被磨成沙漏。十七岁的她在这一个夜里独自斟饮。举杯邀明月，对影成三人，已是稀松平常的事情。深闺寂寂，欲以酒浇愁。而杯深酒腻，未醉即先已意蚀魂销。听得远处钟鼓声声，她的心意映在风里。该来的必是会到来。她知道自己仍需要耐心地等待。

瑞脑香消。辟寒金小。她梦断于晨光乍泄之时，钗小鬓松，在日单夜薄的时间里空对荧荧烛花。物我相望，心花荼蘼。炉寒香尽，枕冷衾寒，情何以堪！这些物已不是物，仿佛带着一些宿命的意味，与她的生活一一有了映照。

她写琥珀。以琥珀喻酒。那琥珀本是松柏树脂的化石。红色的叫作琥珀，黄而透明的叫作蜡珀。她写烛花。烛花是蜡烛燃烧时的烬结。梁元帝《对烛赋》里说："烛烬落，烛华明。"

她写瑞脑。《酉阳杂俎》前集卷一里记载道：

"天宝末，交趾贡龙脑，如蝉蚕形。波斯言老龙脑树节方有，禁中呼为瑞龙脑。上唯赐贵妃十枚，香气彻十余步。上夏日尝与亲王棋，令贺怀智独弹琵琶，贵妃立于局前观之。上数子将输，贵妃放康国猧子于坐侧，猧子乃上局，局子乱，上大悦。时风吹贵妃领巾于贺怀智巾上，良久，回身方落。贺怀智归，觉满身香气非常，乃卸幞头贮于锦囊中。及二皇复宫阙，追思贵妃不已，怀智乃进所贮幞头，具奏它日事。上皇发囊，泣曰：'此瑞龙脑香也！'"

她写辟寒金。南朝梁任昉《述异记》："三国时，昆明国贡魏嗽金鸟。鸟形雀，色黄，常翱翔海上，吐金悄如粟。至冬，此鸟畏霜雪，魏帝乃起温室以处之，名曰辟寒台。故谓吐此金为辟寒金。"辟寒金在这里便是指辟寒金做的簪子。

这首《浣溪沙》词从始句到终句不着一字情语，却是字字都泄露出李清照心里那涓涓细流的缠绵缱绻。那一物又一物裹挟着一缕又一缕的情意将这首词串联着她的心谣，情景相契相生。王国维在《人间词话》里说"一切景语皆情语"，就是这个道理。

这一年，李清照十七岁，来到汴京已经两年。她的心思父亲李格非并非没有察觉，只是百般思量也不知道如何是好。女儿的心思结在他未曾有知觉的某一个时机，也必当要解在他不会知晓的另一个时机。李格非知道，女儿与时光另一头的那一个他，只是缘分尚不足，能量尚不够。孤独的时间还需要更加长久。易求无价宝，难得有心郎。

一个女子若是对自己太苛刻，结果要么是铁树开花，要么是独自陷落在自己营造的幻觉里。李清照是这样的女子，对爱苛刻，对生命苛刻。但这并不表示这样的女子具备识别男人本质的能力。

她知道要爱的男人需要具备太多的素质。才华横溢，风神俊朗，侠骨柔情，刚正不阿。她遇到赵明诚之后，她对他断然是这样以为的。但这也不过只是她的以为而已。

她让我想起张爱玲。赵明诚之于李清照，好比胡兰成之于张爱玲。区别是，赵明诚给予李清照的比胡兰成给予张爱玲的要多得多。但是，到后来她们都只是将他们当作自己幻觉里的那一个，以此来做一回自欺欺人的完满。而这件事，张爱玲始终没有做好，李清照却做好了。

孤独带给人的恐惧大于爱情里的辜负，爱情里的辜负与爱的本身没有关联。有时，爱情与爱甚至都毫无联系。孤独是深渊，粉身碎骨之前，爱情的辜负是如此不愿意被人考虑。它本身就是一件令人赴汤蹈火的事。我们不能因为害怕伤害而拒绝爱。

李清照大致是幸运的。赵明诚虽然在任莱州知州之时蓄养侍妾歌姬对李清照有所冷淡疏离，但是到底这一些崎岖的路数在赵明诚与李清照相濡以沫的几十年光阴和能量面前显得已是微不足道。我们本就应爱上爱本身。

如此，一切都是好的。十七岁的李清照带着满心热望等待着赵明诚，不管不顾，仿佛奔赴一场极乐的仪式。

于此，让我想到赵明诚离世之后的那一段光阴里的李清照。颠沛流离，孤独索居。那时的李清照定然没有忘掉此刻端然等待于深闺里的这一颗纯洁诚坦的心，这一颗少女的心。

此地，彼端，两相照映。
仿佛穿透了这个大气雍容的女子一生的流景殇情。

词话二

自是花中第一流

嗅青梅（点绛唇）

蹴罢秋千，起来慵整纤纤手。

露浓花瘦，薄汗轻衣透。

见客入来，袜划金钗溜，和羞走。

倚门回首，却把青梅嗅。

——李清照《点绛唇》

这一日，日光丰盛。

她独自在院落里摆荡秋千，做一个人的游戏，丝毫察觉不出掌纹的驿动。几个时辰不过眨眼一瞬便消散了去。她恍惚之间听见人声，温润敦厚，仿佛来自心之彼岸。她为之一惊。因那声音用不被知觉的瞬间传到她的耳里，竟能暖到心房里去。

于是，她蹴罢秋千，起身循声踱去。涔涔香汗渗透薄薄罗衣。身外是露浓花瘦，心里是默默温情。岂料有人走来，她于匆忙惶遽之中落下了金钗，泄露出了怯怯的姿态。

这是少女天性里的矜持，它时时都会得到体现。有的是蓄谋的勾引，有的是天然的娇羞。无论哪一种，它都需要感情，丰沛的感情作为诱导。无奈她的心里暗涌激流，她到底还是再一次回眸为偷觑那少年的风神。倚门嗅梅的静默表象之下是激流暗涌。

我始终相信缘分。人与人之间都有冥冥之中注定的关联。男人，女人，那一个对的人。他不一定是最早出现的那一个，但一定是恰好出现的那一个。你的能量正好，他的磁场正好，你们的共振正好。那么，事就这样成了。妥妥当当。但是这很难，非常难，却被李清照遇到了。时光待她不薄。

关于这二人的缘，当然可以写成一本爱与生的大书。两人命里的路数在这个爱情事件里异常清晰明朗。当时，李清照颇享词名，笔下佳作在士大夫中间流传甚广。当时依然是太学生的赵明诚自然对李清照的才情有所耳闻。时间是良媒，那一字一句意深新雅。

所谓"文如其人"，赵明诚不自知地便将这才华横溢温婉多丽的小女子印进了心里。

后来，赵明诚明白一件事，那就是他确认对于李清照的爱，单纯明确，并且义无反顾。赵明诚当时对李清照的倾慕早在古人的记载当中就已显露无遗。元代伊士珍所著《琅嬛记》里便记载一则关于赵明诚的故事。美其名曰"芝芙梦"。

赵明诚幼时，其父将为择妇。明诚昼寝，梦诵一书，觉来惟忆三句，云：言与司合，安上已脱，芝芙草拔。以告其父，其父为解曰：汝待得能文词妇也，言与司合是词字，安上已脱是女字，芝芙草拔是之夫二字。非谓汝为词女之夫乎。

这是一剂谎言。他的，关于她的。我们的，关于意念里的。都是爱的。赵明诚做到了，他让谎言比传奇更为动人心魄。甚至，他将它变成了一道恒烈的光，以至于此时此地，读来依然觉得浪漫觉得温暖不已。

故事的真假虽已无从考证，但也不会是空穴来风，它之所以被流传，自然有它的道理，也定然有它的来头。而于此，赵明诚对李清照的倾慕已经一览无余。也正是因为如此，才有了后来李清照与赵明诚的初见。对的时间遇见对的人是一生的幸事。它带来的光辉足以照亮余生里的漫长与冀望。他们这一刻都成了时间的宠儿。

自古中国人有门当户对之说，而匹配的意念至今尚蓬勃旺盛。只是这匹配的意思已然不是单纯的"门当户对"。

赵明诚之父赵挺之此时是当朝史部侍郎，官居三品。赵挺之因政治才能出众，在地方为官时便政绩突出，因此官职升迁迅速。而李清照之父李格非此时官居六品，在朝廷担任礼部员外郎，提点京东行狱。李格非虽然不及赵挺之的官品高，但亦是朝廷要职。因此，不看新旧党争带来的始端，两家也已经算得上"门当户对"。

更为重要的一点是，李清照与赵明诚拥有相投的志趣与匹配的才情。

赵明诚，他虽然贵为当朝高官赵挺之的三公子，却丝毫没有不学无术的纨绔之气，且才华横溢，并十分热爱寻访收集前朝的金石碑刻和文物字画。

在李清照嫁予赵明诚之后，夫妻两人便共同致力于金石碑刻和文物字画的寻索收藏的事宜。这也成为夫妻二人婚后生活里最为郑重的事情。如同一场绵延不绝的盛大仪式。

虽然"门当户对"的说法并不能得到世人诚坦的认可，但是我们始终都不能否认更深层次的"门当户对"的必要性。虽然异境殊途里的情意总是更能博得世人的感善之心，但它的稀贵、偶然性以及不具代表性却是横亘于这嚣浊尘世的一个不争事实。

有的心情你不会明白的，有时候过了五分钟，心情就完全不同了。生命的很多事，你错过一小时，很可能就错过一生了。那时候我只是做了，并不确知这些道理，经过这些年，我才明白了，就像今天一样，你住在这个旅馆，正好是我服务的地方，如果你不叫咖啡，或者领班不是叫我送，或者我转身时你没有叫我，我们都不能重逢，人生就是这样。

这是林清玄的话。我一直觉得这是一个身上没有尘埃的男人。他仿佛始终都能站在一个洁净通透的空间里顿悟人生里最深刻却也是最朴素的道理，给予我太多启示。于是此时，我想起来这段话。如同李清照和赵明诚的初相见，仿佛带着宿命的意味。

如果人寿终正寝之时仍旧愿想，怕定是要应了纳兰性德的那一句"人生若只如初见"。

愁千缕（点绛唇）

寂寞深闺，柔肠一寸愁千缕。
惜春春去，几点催花雨。

倚遍阑干，只是无情绪。人何处？
连天芳草，望断归来路。

——李清照《点绛唇》

　　她在这个时刻不得不千缕柔肠断。距离成为魔障，比孤独更加面目狰狞。她觉得这世间风景在这一刻不过都只是折损希望的肃杀。女儿的伤婉心思再一次将她覆没。惜春春已去，目前只几点潇潇催花雨，离愁更甚。无可奈何花落去，始共春风容易别。

独倚阑干黄昏后，只是无情绪。那是一种孤绝境地的自欺欺人，带着更深刻的寂寞与恐慌。独自一个人孤单，思念一个人更加孤单。这是不错的话。她在自欺欺人的假装漠然里一如既往地等候，候着远方的离人。那一种无期无果的望，是一种不知"人何处？连天芳草，望断归来路"的惶然。

李清照的这首《点绛唇》"简当"清丽，却是感人至深。《续选草堂诗余》里说到"草满长途，情人不归，空搅寸肠耳"。陈廷焯在《云韶集》里对此词也颇为赞赏，他说，此词"情词并盛，神韵悠然"。这也正是李清照的《漱玉词》最大的特点，情词并盛。能做到这一点的词人，不过寥寥。

李清照写作这首《点绛唇》的时候正在经历与赵明诚婚后的第一次变故。因"元祐党人"事件，此时的她很有可能鉴于压力，无奈之下回到山东章丘明水镇的老家。因此，她经历了婚后第一次与赵明诚的异地分离。爱别离。这对她来说，对他们来说，都是一回劫。

关于这一次"元祐党人"事件，《宋史》当中有详细记载。王安石变法集团是典型的改革派，属于新党。而苏轼等人则是反对王安石新政的一派，被称为旧党。

元祐末年秋，亲睦旧党的高太后去世，宋哲宗亲政之后，新党得到重用。于此，新党开始借机极力打压旧党中人。苏轼、秦观、黄庭坚、张耒一干人等均遭到贬谪。

后来，宋哲宗之弟宋徽宗即位之后受到新党领袖蔡京的影响，再次推行新法。对旧党的打压加剧恶化，以达到彻底铲除的目的。蔡京也因此得到重用，被提拔为宰相。

赵明诚之父赵挺之那时是当朝吏部侍郎，官居三品。赵挺之因政治才能出众，在地方为官时便政绩突出，因此官职升迁迅速。而此时，赵挺之因是蔡京的坚定支持者，于是青云直上，官居副宰相。

读《宋史》时，对《赵挺之传》印象深刻。里面便有一段苏轼对他的评价。他说："挺之聚敛小人，学行无取，岂堪此选？"可见苏轼对赵挺之颇有微词。虽然不无道理，但是因为苏轼与赵挺之本就是从属两个政治集团，所以苏轼对赵挺之的评价并不具备客观性。

赵挺之属于王安石的变法集团，是典型的改革派，属于新党。李清照的父亲李格非因以文章授知于苏轼，且与诸多苏门弟子有深厚来往，也受到牵连，被定义为"元祐党人"。作为"元祐党人"之女的李清照自然难逃干系。

宋徽宗崇宁二年（1103年）九月，朝廷有昭告要求"宗室不得与元祐奸党子孙及有服亲为婚姻，内已定未过礼者并改正"。赵家虽非构成皇族血脉的"天水赵氏"，但赵挺之心有攀附之意，常自称"天水郡赵挺之"。

此前，李清照因父亲李格非遭难向赵挺之求救不得，对其上诗曰"炙手可热心可寒"而与赵挺之产生隔阂，所以，此时因这种种微妙的牵连，禀性刚烈的李清照极有可能独自回到了明水老家。

有一些人容不得内心有一丝的杂质。他们需要将自己的生命质量维持在一定的清洁度，以此才能带来长久的生。这是他们即便遭遇坎坷、波折、灾难也不能摒弃的原则。李清照便是这样的人。她甚至因这羁绊，愿意为之付出生命不能承受之重。她与赵明诚面对第一次分离。是她内心使然，又或者是唯一的选择。

读李清照的相关传记读到这一段故事时，内心总有一处松动的柔软。仿佛那是与我有关的情事。让我清清楚楚地看见一个刚烈又柔软的女子独自踏上归乡旅程的背影。清清冷冷却又意志坚决。

女人总是善于做自欺欺人的人，而聪明的女子往往更是容易沉沦在自己酿造的幻觉里。她让自己离开，然后再让自己惆怅。

人的本性里似乎潜存自虐的倾向。这是让我十分惶恐的事。只是李清照明了自己内心的选择倾向，这是她面对灾难必须做出的辗转，是以退为攻的"谋生"之道。也正是因为她性情狷介秉性好强，这一些事的发生仿佛都具备理所当然的充满力量的意义。

两个人的爱情总在艰难险阻之中生出光辉。而李清照与赵明诚这一回的分离，似乎正是迎合了一些冥冥之中的宿命里的路数。是考验，也是酝酿。他们终要迎来新的盛大。

"人何处？连天芳草，望断归来路。"
它充满了生命里神奇的寓意。

偏有意（渔家傲）

雪里已知春信至，寒梅点缀琼枝腻。

香脸半开娇旖旎，当庭际，玉人浴出新妆洗。

造化可能偏有意，故教明月珑珑地。

共赏金尊沉绿蚁，莫辞醉，此花不与群花比。

——李清照《渔家傲》

世间处处凌寒冰霜，如同她沾满尘埃的情绪里深不见底的幽寂。她站在暗影重重的那一处，观望着这一世风月。她默默地感知到了那春信已至，纵使这世界白雪皑皑浩浩汤汤。

爱上一件物与爱上一个人本没有区别。可以是经年酝酿的情意，也可以只是一瞬间的相遇。她无法对独占春首的梅熟视无睹。那梅，如同娇羞的少女，香脸半开，娇媚旖旎，却又仿佛暗藏不可思议的力量。清清静静地立在琼枝的端处，那是只有美人出浴才能拥有的美。新然清旷。她不得不去爱它。

而此时此地，月朗星稀，夜色玲珑，仿佛一切的景致都在与之映照，为之衬托。她恍然间觉得这花非花。就是那么不经意的一瞬，她觉得它有了精魂。

这一夜，它在她的眼里，是如此的非比寻常。她赏花，也赏读着此时此刻自己心底的情心情意。她知道她会从它的身上看出来一些什么。那是生命趋向里的孤标傲世。她知道它是不一样的。她也知道自己是不一样的。

共赏金尊沉绿蚁，莫辞醉，此花不与群花比。饮一杯酒，赏一夜花，叹一生将要寻索的路途。这是一个命路驿动的女子在这冷夜可以做的最好的事。

李清照非是寻常女子。她把自己的甚至别人的生命路数都把握得清清楚楚。知道自己应当需要的，知道自己可以拥有的，知道自己必须坚持的。

何逊的《扬州早梅》里写："兔园标物序，惊时最是梅。衔霜当露发，映雪凝寒开。"梅花开于冬春之交，它总是最能惊醒人的时间意识。在这流转人世时刻清醒的守望，不偏不倚地提醒着人世来往。

梅花在中国人的意念里早已被赋予了太多的生命意向。孤独。傲世。殊胜。于是，李清照在自己的喜好里选择了它，以此来匹配自己的意志。

这首词大约是李清照南渡之前所作。虽是咏梅，却又让人读来觉得那一些花姿形容之下藏起的是她自己本身的意念。外意写梅，内意写人，亦花亦人，形神宛肖，浑然一体。李清照总是如此擅长将情意杂糅进她眼目之下的一草一木。深情流转却又不动声色。如此稳妥。

亦有学者以为，李清照的这首词所流露的情意里藏匿着她对自己婚姻感情生活的礼赞。李清照与赵明诚的情爱佳话千古流传自是有它的风流之处。

赌书泼茶，鹣鲽情深。这是旧时女子难能企及的感情归宿。李清照无疑对它是贪恋与自喜的。她的爱与被爱在她的精神领域里始终都有一个高度。并且在她看来是牢不可破的。人花无异，情爱亦如此。于是，她对梅有非比寻常的痴爱。

写梅的诗词繁多，李清照的咏梅词自是个中翘楚。王安石那一首广为流传的咏梅诗也是不可多得的佳作。他用最简当的文字写出了最深盛的景致。寥寥二十字，梅便被王安石写得暗香盈袖，隔着千百年的光阴飘然而至，如同涉水而来的旧时女子。

墙角数枝梅，凌寒独自开。
遥知不是雪，为有暗香来。

日照之下，荧荧白光。无一处粉末的生迹，这是被他看进心底的苍荒。只是盛年之下不应有伤，他到底是看见了它们一如暗夜里萤火之光的盛放。它们确是光。是这清旷时令里最炫目的希望。独自开，独自香，独自缠绵，独自纷扬。这不是他的幻觉，这是他眼目之下最真实的绽放。是一片来自那早春之梅的暗香里盈盈晃动的流光。

南朝陈诗人谢燮写《早梅》曰："迎春故早发，独自不疑寒。畏落众花后，无人别意看。"唐代诗人张谓书《早梅》诗有"不知近水花先发，疑是经冬雪未销"之句，此处王安石的"遥知不是雪，为有暗香来"仿佛与他们有异曲同工之妙。于这两句吟诵中仿佛真的可以穿越到那个香色满园的境遇里。

这是王安石"看似寻常最奇崛"的诗句里洇染出的泼墨画。素净里有不经意间撼人心肠的华丽。王安石的一生似乎也有与之相融会的映照。

历史上著名的"王安石变法"仿佛正是他一生当中经历的最为香满的光阴，纵使那里孤绝、僻冷、无人问津。也正是因为王安石担任宰相期间推行"新法"这一举措，才有了后来的"元祐党人"的事件。王安石与后世的李清照冥冥之中才有了千丝百缕的关联。

政治上的事与辞章有关，却不甚关联。那是他们理想意志里的差别，不是人性情怀里的距离。王安石与李清照不需要为历史负责，他们始终只是两个独立的需要为自己的内心所趋而不遗余力地奔赴的日常人。

而关于他们本身的兀傲，则是各自有美好。

风休住（渔家傲）

天接云涛连晓雾，星河欲转千帆舞。

仿佛梦魂归帝所，闻天语，殷勤问我归何处。

我报路长嗟日暮，学诗谩有惊人句。

九万里风鹏正举，风休住，蓬舟吹取三山去。

——李清照《渔家傲·记梦》

青空。浮云。岚雾。

烟锁重楼，水天相接。

曙光微露、银河渐转的时辰里漫出的是一片千帆如梭的虚渺场景。她看到自己的身体变得轻盈并且透明。她心里有一道光，来自神祇的降临带来的升度。她慢慢将心里的宽广世界置放在这光天化日之下。梦魂仿佛回天庭，天帝传话善相邀。她得到生命里最盛大的眷顾。帝问：归宿何处。

日暮路长，求索无成。路途漫长却尚不知归宿。学作诗，亦是枉有妙句为人称道。她心里不是没有卑微之惑的，因那生之空洞，因那冀望阙如。望那磅礴九天里鲲鹏翱翔，灵魂里理想之灯被烽火燃起，她突然觉得生命的质地需要被赋予更多的意义。大风莫止，待她乘那一叶扁舟去往蓬莱三山处。唯愿如此。

这不是她的世界。这是光里的乾坤。这是某一个梦境，承载着李清照几乎全部的愿景。关于理想，关于未来。关于神祇遥遥无期的降临。

在黄昇的《花庵词选》中这首《渔家傲》题作"记梦"。这首词约作于宋徽宗大观二年（1108 年），此时正值赵明诚被罢官后偕清照避居青州（今山东益都）故乡。于是，它所表达出的意味里始终都带着现时里的一些徒然心意之下的幻念。

学者们认为李清照在这首词里吸取了《离骚》当中"上下求索"和李白"梦游天姥"的浪漫主义精神，体现李清照这个不凡女子心中的不凡理想不凡愿景。

清人黄蓼园在《蓼园词选》评到这首词曰："此似不甚经意之作，却浑成大雅，无一豪钗粉气，自是北宋风格。"整首词意境壮阔优美，典雅大气。毫不娇柔，充满力道。是不多可得的豪放词杰作。

一句"蓬舟吹取三山去"让我于恍惚之间仿佛看见八仙过海各显神通的绮丽画面。这是我自儿时便十分喜欢的神话故事。

并且，这一种喜欢要大过诸多的喜欢，甚至有一种爱。因为它不同于别的，它表达的重点在于仙的度化，在于表达这一个度化的过程。它不是要告诉你神祇的灵与力以及背后盛大的恩慈，它表达的是仙与凡人不过一念之别，以及我们应当拥有的善念以及应当的善行。

至于蓬莱，这本就是一个充满灵仙意味的地方，而我对它的痴迷从童年里听到的八仙过海的传说开始从未消减。《史记·封禅书》里这样记载到蓬莱："自威、宣、燕昭使人入海求蓬莱、方丈、瀛洲，此三神山者，其傅在勃海中。"借李商隐的诗句叹："蓬山此去无多路，青鸟殷勤为探看。"

它离我有多远，仿佛隔到人间天上相望无言。有些地方，总是要去的，只是一个迟早的事情。比如，蓬莱。

仙阁凌空。神山现市。渔梁歌钓。日出扶桑。晚潮新月。万里澄波。万斛珠玑。铜井金波。狮洞烟云。漏天滴润。这是蓬莱的十大盛景。李清照在这样的一个地方做了一个如此壮丽的梦。仿佛只有蓬莱才能与李清照辽阔清旷的心智与理想相匹配。梦于此地，似乎是理所当然的事情。

晓梦随疏钟，飘然蹑云霞。

因缘安期生，邂逅萼绿华。

秋风正无赖，吹尽玉井花。

共看藕如船，同食枣如瓜。

翩翩坐上客，意妙语亦佳。

嘲辞斗诡辩，活火分新茶。

虽非助帝功，其乐莫可涯。

人生能如此，何必归故家。

起来敛衣坐，掩耳厌喧哗。

心知不可见，念念犹咨嗟。

安期生、萼绿华都是蓬莱仙境里的神仙。李清照的这首《晓梦》因"因
缘安期生，邂逅萼绿华"泄露了她心里所有的愿念。共看藕如船，同食枣
如瓜。她仿佛于茫茫人世间一眼便识得了与他们之间的因缘，只有故知之
心，没有仙凡之异。仿佛臆想里这种与仙同乐的虚妄与无涯才是她如今唯
一所能获取的欢悦。

青州十年之后，赵明诚再度重返仕途。几度辗转，李清照夫妇二人历
尽波折，终于重新得到一回安定。只是今非昔比，旧时社会，不孝有三，
无后为大。李清照因多年没有生育，没有为赵家诞下子嗣，赵明诚也在无
奈之下蓄养歌姬，再纳侍妾，对李清照的爱情做出了违逆之举。

赵明诚没有错。
是光阴有错。

李清照对爱情始终都是苛刻的。在这样的背景下，李清照对这份爱有
了不满，并且猛烈汹涌。因她知道这不是她要的。尽管她在赵明诚离开青
州赴任莱州之后不忍思念之苦独自寻来，但他已不是他，而她也有了不一
样的念挂。

她只是女子，在优柔与决然之间，脆弱与坚硬之间，短暂与永恒之
间，她只能拾起少女之心真诚地重新憧憬。这是她唯一能做的。于是，一
梦千寻。

路漫漫其修远兮，吾将上下而求索。李清照说，"九万里风鹏正举，
风休住，蓬舟吹取三山去"。我看见，人间道里美丽重生。

继芳尘（庆清朝慢）

禁幄低张，彤阑巧护，就中独占残春。

容华淡伫，绰约俱见天真。

待得群花过后，一番风露晓妆新。

妖娆艳态，妒风笑月，长嬮东君。

东城边，南陌上，正日烘池馆，竞走香轮。

绮筵散日，谁人可继芳尘？

更好明光宫殿，几枝先近日边匀。

金尊倒，拼了画烛，不管黄昏。

——李清照《庆清朝慢》

阳令三月，春暖花开，群芳百卉。她走在汴京的宽阔大道上流连忘返。她于明光宫苑之处见着了它，然后意识动荡出明灭的错觉，她一下子就跌落进去，不忍自醒。她需要它带给自己一点斑斓的笼罩。

　　它是被宠爱庇护的。宫禁中，护花帷幕低张蔽阳，红色栏干缭绕围护。它被目光簇拥，如同一场温情检阅，带着红尘气味里的浊重。它成了这春日里最为夺目的一抹深艳，独占残春。只见它悄然挺立的姿态里柔雅雍容，细微之绝伦精巧的美尽显天公造化的高妙。

　　它已不是它，它成了天真绰约的象征，它成了晓妆初成盼倩生辉的美人。妖娆艳态，妒风笑月，染尽芳尘。生生地将那司春之神引逗了去。

　　东城边。南陌上。亭台池馆人来人往，日光之下，游人把酒，醉赏流连，倍觉匆忙。那溢出来的香仿佛要将游春踏花的车轮染个尽透。绮筵离散之日，正是人心潦倒之时。它的艳美有深意，是这春光里最温暖的嚣张，充满着无以言细的希望。谁人可继芳尘？无人。

　　她端视着这一处芳华，心里蜿蜒不绝的是另一番情意。她明白，日照有延，它的芳美不会轻易决断在朗朗乾坤之下。待它此处消沉，那头便已昌盛。她知道，她也将迎来自己的昌盛之年。举杯对花饮，直到灯烛燃尽。她唯知道：春光尚存，不管黄昏，不忘旧香，不负良时。

　　它是华贵的。它是跌宕的。它是浮嚣耀目的。它是充满希望的。它不是她的，却又只是她的，牡丹。在李清照这首词里，吟咏之物不露一言，却是光彩更甚。

　　这牡丹在李清照的词里如同含苞待放的婷婷少女，一点笑意，一点熏染，一点漫不经意，都成了娇怯羞赧的欲念。不怕被人目睹，只怕不留丁点隐秘。而也正因如此，她让它的美艳愈加被人觉得惊喜。正所谓，不着一字尽得风流。这是李清照的功劳，是这几句婉妙的词句的功劳，是李清照在这首《庆清朝慢》里蓄谋的"勾引"。

写牡丹的诗词很多。李白有诗："名花倾国两相欢，长得君王带笑看。解释春风无限恨，沉香亭北倚阑干。"白居易有诗："惆怅阶前红牡丹，晚来唯有两枝残。明朝风起应吹尽，夜惜衰红把火看。"王维有诗："绿艳闲且静，红衣浅复深。花心愁欲断，春色岂知心。"

但，唯独李清照用拟人化的手法将牡丹藏在一个"犹抱琵琶半遮面"的蛊惑当中。她用词精准，不拖沓不夸张不虚妄。淡伫。绰约。天真。晓妆。艳态。尽数了牡丹的天香国色，又丝毫没有陈陈相因人云亦云的庸常慨叹。她将文人笔下千篇一律的牡丹写得出挑，写得袅袅引人。

据宋人钱易《南部新书》记载，宋时汴梁有"三月十五日两街看牡丹，奔走车马"的风俗。这首《庆清朝慢》大约写于李清照居于汴京时。虽史无记载具体写作时间，也很难判断李清照此时是待字闺中还是已与赵明诚交好，但从词的意境里依然能够读得出李清照内心朴素自由的淑女情怀。

另外，关于此词有一处疑虑。因为有学者认为李清照这首词所吟咏之花非是牡丹，而是芍药。而到底是芍药还是牡丹实在是难解难分，因芍药与牡丹同属不同种，且芍药的根一般用作嫁接牡丹的砧木，并且牡丹也有"木芍药"之称。

因此，虽各种资料中谓牡丹者占多数，但李清照所绘到底是牡丹还是芍药尚无定论。提及芍药，不自觉地想起来秦观的那一首《春日》。

一夕轻雷落万丝，霁光浮瓦碧参差。

有情芍药含春泪，无力蔷薇卧晓枝。

秦观的这一首《春日》是伤春词，被后人记得最深刻的便是末了的两句"有情芍药含春泪，无力蔷薇卧晓枝"。这也是诸多写到芍药的诗词句段里较为出挑的两句。以美人喻花，又对仗工整，美不胜收。

李清照性情淡雅，说她于此处吟牡丹，将牡丹写得不同于过往前人，给牡丹注入了清雅之气未尝不可。说她吟芍药，因那芍药被世人寄情深切又独有生姿，也不是没有道理的。

如若不是将之当成一门学问，只是闲情偶寄，那么，它到底是在写牡丹还是芍药并不是那么重要，重要的是吟出口时那一字一句里流淌出的意蕴。草木无意，易安有情。这才是最值得深感的。

只香留（鹧鸪天）

暗淡轻黄体性柔，情疏迹远只香留。

何须浅碧深红色，自是花中第一流。

梅定妒，菊应羞，画栏开处冠中秋。

骚人可煞无情思，何事当年不见收。

——李清照《鹧鸪天·桂花》

这一日她无事悠游，独自穿梭在山水林野，以此赢取一些天地灵气。她总是竭力让自己变得通透，而这一些愿景她总愿意寄托在山水之乐里。

她初见它的那一刻，心里仿佛立即生了一种相见恨晚的相知相爱。她是爱它的，这是毋庸置疑的事情。它并不美艳，色彩轻黄黯淡，是属于生在某一处角落不被注目的那一种。但是她明了它的好。它体性温柔，暗香弥久。不喧嚣、不肆意，静默里自生一种美好。那是与荣耀和宠幸没有关系的事情。

不需要艳丽的浅碧深红，它的蕴纳非是群芳可比。她说，"梅定妒，菊应羞，画栏开处冠中秋"。它就如同迹远品高的隐士，清淡里有深意。梅花会妒，菊花应羞，气冠中秋，自是花中第一流。她无法理解在《离骚》里褒扬各色香草名花却单单遗漏了月桂的屈原。她因它对他有怨怼。

她给予它的爱就是这样的磅礴盛大。

在这首《鹧鸪天》里，李清照于赏花情意里渗入了那不被知觉的隐逸之心。洁身自好远遁乡里的情意并不是谁人都能理解。更何况，身为赵明诚的夫人，更是不能轻言隐遁。若李清照是男儿身，想必定有放歌山野、指天笑骂的潇洒旷达之气魄。纵使她隐身在这苍翠里，她依然散发出唐诗人王绩那一句"日光随意落，河水任情流"里描述的气场。

命运的神奇在于不可预知。它于无形当中把握分寸，于时光的结绳之处设置隘口，用以分担无法解释的命之舛错。宋徽宗大观年间，因政治环境的变故，李清照意外地有了十年的隐逸生活。这是她始料未及的事情。而人性的矛盾在此时被凸显得尤为剧烈。这是她想要的，但又不是。

在《愁千缕》一文当中提及了蔡京。此处要又一次说到他。政治上的钩心斗角就如同后宫里的水深火热，危机四伏。当年，赵挺之追随蔡京一起打击元祐党人，后青云直上，但当旧党人物已被驱逐殆尽之后，蔡京与赵挺之之间的矛盾也渐渐暴露。毕竟赵挺之与蔡京是有区别的。蔡京为人奸佞，赵挺之对他的许多奸佞之举并不苟同，且屡陈其奸恶。

后来，赵挺之在与蔡京的政治恶斗中得到一次胜利，位极人臣。关于这件事，《宋史·赵挺之传》里有记载："既相，与京争雄，屡陈其奸恶，且请去位避之。以观文殿大学士、中太一宫使留京师。乞归青州，将入辞，会彗星见，帝默思咎征，尽除京诸蠹法，罢京，召见挺之曰：'京所为，一如卿言。'加挺之特进，仍为右仆射。"

只是世事无常，翻手为云覆手为雨。《宋史·蔡京传》记载："五年正月，彗出西方，其长竟天。帝以言者毁党碑，凡其所建置，一切罢之。京免为开府仪同三司、中太乙宫使。其党阴援于上，大观元年，复拜左仆射。以南丹纳土，躐拜太尉，受八宝，拜太师。"

因蔡京善于结党营私，两个月后，复任宰相。而赵挺之被迫辞去宰相官职，回家五天之后，便病逝。

赵挺之的死对赵家来说是一次由盛转衰的重大转折。他死后蔡京等人诬陷赵挺之，并将赵家兄弟全部免官，甚至一度使得赵明诚兄弟惹上牢狱之灾。此时，赵明诚携带李清照被遣返山东青州。而这一回，便是十年。

李清照作下这首《鹧鸪天·桂花》的时候是决计无法料到她所企望的隐居生活是以如此难堪艰辛的方式换得。这就是命之玄机，人人都无能为力。关键还是在于个人的掌控力。这种掌控力作用在自我认知与生活态度当中。它不是可以轻易锻造的。它需要天性。

李清照在面对赵明诚被免官之后青州十年的生活态度是：享用。在这之前，她必当是有过惶恐的偏执。只是它在李清照的意识当中只是如同瞬间杂念一般的无足轻重，她有这样的能力去溶蚀心中的怨气和杂念。

当李清照面对桂花吟出这一阕《鹧鸪天》的时候，我们依然能够触摸到她内心的强大。桂花是一种有气节的植物。它所能体现出来的质地总是带着清雅隐士的光芒，因此，它往往代表了一种淡定洁净、远离喧嚣浊世的生活态度，更重要的是延续着一种愿念背后支撑起来的对自己对生活认知上的掌控力。

李清照，她的前生也许本来就是一株生长在瑶池里的月桂树。俯瞰人间袅袅，观望尘世风月。个中况味尽融在枝叶经络里，不动声色地随暗香流失掉。而当我们仰首祷念她时，所能望见的始终都是如这《鹧鸪天》里的一片风清月朗的笑。

更凄凉（鹧鸪天）

寒日萧萧上琐窗，梧桐应恨夜来霜。
酒阑更喜团茶苦，梦断偏宜瑞脑香。

秋已尽，日犹长，仲宣怀远更凄凉。
不如随分尊前醉，莫负东篱菊蕊黄。

——李清照《鹧鸪天》

时已深秋，天渐转寒。

这一日，她身边空无一人，忽觉心意寒凉，隐隐带着一种流离失所的悲怆。大家不见当初，小家也难成气候。纵使已经日上琐窗，她依然觉得这天地之间无丝毫温存的暖，只觉秋意凉凉，疏剪萧索。梧桐早凋，婆娑隐隐，叶上秋霜，阑珊绰绰。举目所及，再添悲凉。这个女子心里的愁怨渗进了骨子里，再一点一点地从她的视线里流淌开。

于愁苦时醉饮几盏成了习惯当中的事情。借酒不为消愁，只求好梦一枕安神一刻。国已不是国，家也不成家。她的男人因公务忙碌，奔波在外，不能与之秉烛对饮，而这个女子的心怀里能容纳下的也就只有这一点单薄的忧愤和挂虑。

醒来用团茶泡来解酒，苦涩之处觉出隐隐清香。纵那瑞脑香宜，也始终不能使之心神怡定。梦落于此，她再一次地想起似真非真的旧事。

秋已尽，日犹长。

仲宣怀远更凄凉。想那被誉为建安七子之一的仲宣，当年为避董卓之乱到荆州依附刘表，却因其貌不扬不得重用，也不过就是如此的心境了。她晚年流离，内心凄惶有过之无不及。这一点她十分地确定，山河依旧，家国却已不似当初。流落至此异井他乡，心里头的对北方的眷恋是难以言细的。

也罢，也罢，也罢。

不如忘了那些颠沛流离的感伤，三杯两盏淡酒，喝它个一醉方休。看着那香熏百草的东篱菊芳华满庭，饮着这当年私藏下的绝品佳酿，赏一次那花中锦葩，享一回这清净良辰。她的故作潇洒里满是隐忍的忧伤。

也罢，也罢，也罢。

这首《鹧鸪天》便是李清照南渡之后所作。此时赵明诚官任江宁知府，正值"靖康之变"后的国殇之年，动荡不安。宋高宗赵构偏安江南，南宋王朝于危乱当中飘摇而起。李清照面对的是一切重新的生，一个短暂的承平之世。这是引发她故国之思的线索，但一切辗转流离的始端都因那"靖康之变"而起。

北宋初期，推行强干弱枝、重文轻武的政策，加上党争之乱，政治腐朽、军事衰弱，致使国力积弱。宋徽宗时期，北宋王朝日趋衰落。而东北女真族却日益强大。公元1115年，女真完颜部的完颜阿骨打建立金国，并展开了一系列的入侵，以求一统天下。金政权在灭辽之后便将入侵大宋制定为下一个目标。

靖康元年（1126年），金军仅以四万人南下，破北宋二十七州兵锋，直取北宋国都开封。十月，金军强渡黄河，北宋守军不战而逃。在金军围困开封尚未攻陷之时，宋钦宗曾亲自求降，下令各路军民停止抵抗。闰十一月，金军攻陷开封。

靖康二年（1127年），金人废黜宋徽宗、宋钦宗，另立原宋朝宰相张邦昌为伪楚皇帝。这一年的三月，金军将俘虏的两位皇帝以及后妃、皇子、宗室、贵戚等三千多人，连同大量宝玺、舆服、法物、礼器、浑天仪等一起开始北撤。北宋灭亡。

靖康之变带来的耻辱不只是时代的，也是每一个个体灵魂里抹不去的腐朽的刺青。李清照，芸芸众生里的一个，她的敏思注定要为她带来比常人更多的痛苦。这是她命里躲不掉的劫。

恰逢此时，赵明诚的母亲又在江宁离世。依循古代礼法，赵明诚兄弟必须离任去江宁奔丧。想赵明诚离去之前定会对李清照有所安排，而他那时候能对李清照的安排必定要与他们潜心收藏研究多年的文物字画的去处息息相关。至此，李清照便开始了她移整文物、颠沛流离的生活。

此时，他们居于淄州。淄州是青州十年生活后赵明诚重返仕途的第二站。在这之前，赵明诚担任了三年的莱州太守。后来便到了赵明诚担任江宁知府的时期。

而这之间所有的流离颠沛对于李清照来说，不单是只身辗转的路途，更是肩负着再三转运她与赵明诚收藏的文物字画的重大使命。那些文物字画在李清照看来绝不是一些死物。它们是有生命的，是她爱情里的一株又一株鲜活的植物，连同记忆一起在她的生命里扎下了根来。

在李清照抵达江宁之前，她所历经的磨难不是三言两语可以尽述的。这就好像，她独自走过一座独木桥，脚下是万丈深渊，内心的惊惧绝望以及置之死地而后生的悲壮只有她自己知。

也正是经历和见证了再三的流离舛错，她内心积郁的温存在现世里的严酷凄绝的逼迫下沸腾起来。当南宋朝建立，短暂的安定生活对于她来说如同暌违经年的爱人温热久违的拥抱，记忆里阙如的那一帧一帧朴素温情的画面一再跳脱进她的意识里。于是，她忍不住开始了对旧国旧家旧时光的怀念。

于是，便有了这一首《鹧鸪天》。

李清照如同一位时光长河里涉水而过的旅者，携带着不被人知的光辉，而这一些光辉总是透过她历经的那些磨难被折射，并终被流传。

比并看（减字木兰花）

卖花担上，买得一枝春欲放。
泪染轻匀，犹带彤霞晓露痕。

怕郎猜道，奴面不如花面好。
云鬓斜簪，徒要教郎比并看。

——李清照《减字木兰花》

　　这一年的春天悄无声息地来到，连她也没有嗅到空气里淌出来的春意盎然的味道。那一日清晨，她于卖花农处买来一枝含苞待放的梅。花朵尚新嫩，有晓露浸染瓣面。看过去，妍如彤霞。她心里一阵少女似娇羞的欢喜。她是又一次地想起了房中候着她的那一个人。

他之于她，仿佛是一片玉宇深海，又仿佛是一片敞亮旷野。她看着自己一点一点坠落进他的温存里，不能自拔，心甘情愿。

只见她轻轻捻住那一枝梅，盈盈回转过身，朝院里走去。生怕弄折它脆弱的根茎，生怕损伤了它粉嫩的瓣。但这一头欢喜之心未定，那一头心里又生了怯。只因见这美妙花容，竟担心起自己没有倾城之色，"怕郎猜道，奴面不如花面好"。

于是，她动了动女儿家的小心思，便将那一枝梅斜插在鬓上，让它为自己增添几分光几分美，再连人带花一起去到他的面前让他赏看。美眷如花。

她丝毫未曾察觉出这独自一人冥想时的一颦一笑里透露出的娇嗔和单纯。喜怒形于色，毫无粉饰之心。微弱的担心，特意的争强，故意的小气。纯真如女童。溺于爱中的人都是孩子，心无旁骛的嬉笑怨嗔都只是一个孩童面对掌心宝贝时的全部情绪。他们会倾其所有地去对待那一个人，就像对待掌心里的宝。

那一日的清晨，李清照斜插一枝新梅欢喜地去赵明诚的书房，悄悄穿过他的身边，忽而又伸出纤美的玉臂环在他的腰间，娇嗔地对他说话。读这一首词时，仿佛真的能看见这一帧温情的画面。

作这首《减字木兰花》的时候，正值李清照与赵明诚新婚宴尔情浓娇嗔之时。也正因为此时李清照心底那一些膨胀的温情又娇柔的少妇情怀，使得这首词词意不深，并且充满隐忍的情欲的气味。这使得这首词备受争议。

比如，许多人都认为这首词并非李清照所作。赵万里辑《漱玉词》中便有"词意浅显，亦不似他作"的话。但这正是李清照真实的生命本色。她非是圣贤菩萨，只是这浊世里一枚谋爱女子。她有她的七情六欲，作词也是一样，她有她的肆意。真实，这是做人的素质里十分崇高的一样。

李清照正是凭借她这真实坦荡的性情，才能写出"一种相思，两处闲愁"和"生当作人杰，死亦为鬼雄"这样意境迥异却一样荡人心魄的好句来。

当婉约时婉约，当豪放时豪放；当深情时深情，当怨愤时怨愤；当娇嗔时娇嗔，当清醒时清醒。她从不需要为自己刻意担当任何一丝的表里不一。这一点，在她的诗词里最为难得。

宋徽宗建中靖国元年（1101年），十七岁的李清照与当时二十岁的赵明诚喜结良缘，可谓是男才女貌佳偶天成。有了赵明诚"芝芙梦"和李清照初遇赵明诚那首情意甚为浓烈的《点绛唇·蹴罢秋千》在先，不难想象新婚之后夫妻二人如胶似漆耳鬓厮磨的状态。他们得到一个果，必然会在这"感情的果"里作为一番，而这首《减字木兰花》就是夫妻二人"作为"的表现之一。

当然，李清照、赵明诚夫妻二人的婚后乐趣绝不可能只是这粗简的闺中之趣。当时，赵明诚尚在太学上学，每个月初一、十五两日会回家探望，在这金贵的相聚时间当中，他们总想方设法会将时间利用到最好的状态。于是，夫妻二人会常常一起创作诗词文章、收集整理金石碑刻、鉴赏品味文物字画。

而这一些共同志趣也正是夫妻二人当初相恋相爱结为夫妻的一个重要

契机。且"夫妇擅朋友之胜"，常有三两知己会来府中饮酒品茶话诗文。

据李清照在《〈金石录〉后序》当中回忆，那时每逢初一、十五，因赵明诚太学期间尚无经济来源，于是他们会去当铺典当闲置衣物，再带上有限的银两结伴去汴京著名的大相国寺游逛文物市场。

这段清寒朴素却又欢喜连连的时间在李清照的生命里留下了深刻的烙印。总有那期间的二三事躺在她的记忆当中，稳稳当当地流转在时光里不褪色。

李清照在《〈金石录〉后序》有记：

每饭罢，坐归来堂烹茶，指堆积书史，言某事在某书某卷第几叶第几行，以中否角胜负，为饮茶先后。中即举杯大笑，至茶倾覆怀中，反不得饮而起。

又记：

尝记崇宁间，有人持徐熙《牡丹图》求钱二十万。当时虽贵家子弟，求二十万钱岂易得耶？留信宿，计无所出而还之。夫妇相向惋怅者数日。

时光如水，静默无澜。这一点一滴的记忆碎片，如青丝落进寂静的潭里，惹起几圈涟漪，再缓缓散了去。而个中深意，唯有心知。

两家新（瑞鹧鸪）

风韵雍容未甚都，尊前甘橘可为奴。

谁怜流落江湖上，玉骨冰肌未肯枯。

谁教并蒂连枝摘，醉后明皇倚太真。

居士擘开真有意，要吟风味两家新。

——李清照《瑞鹧鸪·双银杏》

　　那一年，她曾在汴京家中的院落里种下过一株银杏。那是一种十分寻常的小树，并不惹眼。却又因那时银杏的矜贵让她铭记在心。万事万物都经不住时岁辗转变迁，它也不例外。如今想那小树早已茁壮，但她已无缘再见。

此时此地，当她再一次放眼望去，南方的这一处院落里亦有这相熟的植物。那一种亲切旁人不能体会，唯有她自己知其中的暖和金贵。生机盎然中，她的心底于这陌生的城里隐隐生出一些欣慰。

虽然她见这银杏果的汁肉不如旁的植物丰盈，形态色泽也是寻常，是属于那种生来并不起眼的果类。但是至少她还是明白比起尊前的那几枚柑橘，它却已是风韵雍容得多了。她突然觉得自己是这样地热爱着它。这种热爱是突兀的，却也是情意中理所当然的。它让她想起了太多的旧的人事和温情。

只是见这相熟的双蒂银杏此刻被人摘采后躺在她的面前，惹得她内心感慨连连。这个女子刚强时猛烈不可抵挡，委婉时亦是柔肠百转。连一枚洁白圆浑的白果也成为她怀念的理由。

她叹：无人怜你流落到千里之外的异井他乡，只是可怜了你这玉骨冰肌不肯枯萎的模样。她大约是因这行将被食的双蒂银杏想起了自己和丈夫双双流浪到陌生的南方，以及那一些散落的早已染上他们身体气味的文物字画。

庆幸的是，她身体里种植着根深蒂固的高远和乐观。这让她身处任何窘困艰难的境地都充满希望。也在冥冥之中为她的下半生蓄积着力量。这一刻，见这颗对生银杏保持了并蒂完朴的美好形象，她忍不住想起"玉楼宴罢"醉意缠绵的杨玉环与李隆基。那一回大唐盛世后千回百转万世相传的爱。今日，当她将这两枚银杏掰开时，仿佛在连接掌心手指的那一道力背后隐隐藏下了一些美好真意。

这一首《瑞鹧鸪·双银杏》大约也是作于李清照南渡之后。当她历经迁转徙离来到江宁与赵明诚相聚，她必定需要一段长久的时间平静内心的折复。而在这期间，她的敏感总会被放到最大。这是情理之中的事情。

这首词里提到的双银杏是银杏树的果。银杏树又被称作白果树，春季开花，雌雄异株。雄花呈下垂的荑黄花序，雌花二至三个簇生于短枝上，每花具长柄，柄顶二叉各生一种子，青色。熟时壳黄，果肉白色。其味甘而清香可食，起滋补药用。另外，银杏原是江南民间野物，北方鲜有引进种植，据说银杏在宋代初年曾被列为贡品。

而她用来衬托银杏的柑橘，被她直称为"奴"，足见其对银杏的偏喜。而"甘橘"为"奴"并非情不自禁的莫名之语，它典出《三国志·吴书·孙休传》。裴松之注引《襄阳记》里有这样一段记载：

"丹阳太守李衡……后密遣客十人于武陵龙阳氾洲上作宅，种甘橘千株。临死，敕儿曰：'汝母恶我治家，故穷如是。然吾州里有千头木奴，不责汝衣食，岁上一匹绢，亦可足用耳！'衡亡二十余日，儿以白母，母曰：'此当是种甘橘也。'"

李清照于这首《瑞鹧鸪》里假物咏情，用典到位，情意动人。末句"要吟风味两家新"更是暗喻自己与丈夫赵明诚两心相连。即使在她来到江宁之前，独自颠簸，历经艰辛。即使当年赵明诚重返仕途时亦曾一度因为李清照没有为他诞下一子半女而蓄养歌姬疏冷她。但这一切在此刻的李清照面前如此地不足挂齿、不值再提。

因为最重要的事情自然已经不是那一些，而是他，这个她倾付一生的男人依然守在她的身边。如此，她甘愿用她敞亮的心赔付他对她不弃不离的情意。

没有一段爱可以无瑕。她懂得苦尽甘来之后应有的知足。她懂得要对爱始终充满指望。而这更让我知道这个女子是一枚珍宝。千百年后，她理应得到最盛大的追悼。李清照和赵明诚的故事尚未结束。她在这首词里写到了杨玉环和李隆基，这让我想起白居易的《长相思》，想起那一句"在天愿作比翼鸟，在地愿为连理枝"。

　　只是这一些，又是另一个故事了。

词话三

此情无计可消除

锦书来（一剪梅）

红藕香残玉簟秋。轻解罗裳，独上兰舟。
云中谁寄锦书来？雁字回时，月满西楼。

花自飘零水自流，一种相思，两处闲愁。
此情无计可消除，才下眉头，却上心头。

——李清照《一剪梅》

岁月不居，时令徙转。一抬头一低眉一刹那一慌神，她猛然间就发现这天已经凉得厉害。殷红的莲花渐次凋落，冷滑如玉的竹席也已让她觉得不适暑退。她知道，又到一年清秋时。

那一日，她褪下了薄纱罗裙，换上轻盈装束，决定独自一人乘一叶兰舟泛水游散。她知道用适当的清净的方式过掉这一段虑心的时间。这样，她才能渐渐知觉出思念这件事里那一点温情的好。

她不是自欺欺人的人。她依然时时期盼，等待远方的人寄回来的家书。抬眼望一望，见那孤鸿影绰，却不见哪一只能够捎回他的讯息。褐色大雁南飞回，皎洁明月照楼归。而她与他之间，横亘千山万水。

花自飘零水自流，一种相思，两处闲愁。这一种相思，她知道他也是有的。那不只是灵犀一点的相通，更是情意深切的彼此映照。花，空自落零。水，空自流徙。一种离别的相思，她与他，却牵惹起两处闲愁。

她知道，这是她必当要经历的"劫难"，是他赐予她的相思之祸。她应当像疆场的战士一般勇猛，熬度过这比漫长还要漫长的独自的时光。等他再一次来到她的身旁。

《一剪梅》，又被称作《腊梅香》或《玉簟秋》。因周邦彦词有"一剪梅花万样娇"句，取以为名。又韩淲词有"一朵梅花百和香"句，名《腊梅香》。再因李清照词有"红藕香残玉簟秋"句，于是，亦有名曰《玉簟秋》。

这首《一剪梅》在黄昇的《花庵词选》中题作"别愁"，而伊世珍的《琅嬛记》里又有这样一段记载："易安结褵未久，明诚即负笈远游。易安殊不忍别，觅锦帕书《一剪梅》词以送之。"沿袭伊世珍之说，那么可推断这首词大约于李清照和赵明诚新婚之后不久，赵明诚出外求学后，李清照难抑思念的情绪而作。

那时，赵明诚尚在太学，只有每月初一、十五方能回家探望。因此，李清照与赵明诚新婚之后的日子必定是聚少离多。读《一剪梅》，那个中缱绻感伤的意味是容易理解的。佛语人生七苦里便有"爱别离"一苦。这一种苦非是蚀骨的大痛，却也必是令人憔悴销魂的暗疾。思念是一种疾苦，总是难以消遣。这是你我凡心的劫数。

这首词里最经典的是那一句"此情无计可消除，才下眉头，却上心头"。而这一句是李清照化用范仲淹《御街行》里那一句"眉间心上，无计相回避"而来。但是李清照的这一句的构思明显更为精巧。明人王世贞在《艺苑卮言》中也说："范希文'都来此事，眉间心上，无计相回避'，类易安而小逊之。"

宋词里相思之作不少，于是作起这样的思情词稍有疏忽便难免流俗。李清照意兴之处的吟作具备的自然气质和谦卑之心使得这一首词作是如此出众。她非是单纯地吐露思情，也没有聒噪地怨嗔丈夫不返。她于一呼一吸之间要表达的只是一种如清水一般的期愿。

那是她的，
爱之旖旎，
爱之单纯，
爱之心心相印。

明人李廷机在《草堂诗余评林》中这样赞赏到李清照的这一首《一剪梅》，他说："此词颇尽离别之情。语意超逸，令人醒目。"清人陈廷焯在《白雨斋词话》里亦赞道："易安佳句，如《一剪梅》起七字云：'红藕香残玉簟秋'，精秀特绝，真不食人间烟火者。"词意里透露出那一种美人妖且闲、采桑歧路间的风姿。

她一旦有爱，势必要比常人来得洁净并且猛烈，是要为之赴汤蹈火的。就连她此刻的想念也要比常人来得直接，来得更有力道。

黄花瘦（醉花阴）

薄雾浓云愁永昼，瑞脑消金兽。

佳节又重阳，玉枕纱厨，半夜凉初透。

东篱把酒黄昏后，有暗香盈袖。

莫道不消魂，帘卷西风，人比黄花瘦。

——李清照《醉花阴》

是日，天光阴沉，云雾聚锁。仿佛注定她这漫长的一日将在阴郁寥落当中挨度。只见房内瑞脑香消，从那金色兽形香炉漫出的最后一丝香气转眼散尽。她的伤感是有理由的。今日又佳节，佳节又重阳。"独在异乡为异客，每逢佳节倍思亲"。这是常人心中都有的郁结，只是她的似乎尤为浓重。

那深秋的夜里寒气沁骨，纱窗玉枕被浸透，凉意透入帐中枕上，她瑟瑟一夜无法安眠。男人因公务离去，留她一人独守空房。顾影自怜，愈怜愈忧伤。

日已暮，起身去东篱种菊处饮一杯酒来暖身暖心暖暖她凉薄的思念。贞静的菊香盈袖，她恍然之间觉得一阵清凉。那清凉当中仿佛浸溶着她对自己与男人之间的"一种相思，两处闲愁"的喟然和蕴藉。忽一阵西风卷来，悄然掀起身后的珠帘。见那瘦花逆风但不见折损，而这人却是悲秋伤离别无以消愁。她顿生人不如菊、人比花瘦的感叹。

试问这情状个中况味，君心可感？怎奈它黯然，怎奈它感伤，怎奈它销魂，怎奈它蚀骨。

相传李清照作完这首词便寄予远方的赵明诚以表情念之心。但赵明诚收到李清照的情函之后感伤恻隐之余亦觉妻子才情绝伦，暗生歆慕与隐愧。这隐愧体现在他急于要做出一些证明，作词五十首回赠，以证明自己的才情不输内人。赵明诚此时透露出来的是丧失成熟男人庄重的男童姿态。一点也不美好。

男人似乎时刻不愿意放下自己的虚荣之心，哪怕死别生离，也要念及自己的段位。自然包括我自己。读到这一则故事的时候，心头有一点喑哑的不适。无论是否是口耳相传的纰漏，这个故事都是有缺陷的。仿佛我直面自己的缺陷，令自己的内心十分惶恐。我再一次意识到生之为人，修炼内心的重要。

伊世珍《琅嬛记》有记："易安以重阳《醉花阴》词函致明诚。明诚叹赏，自愧弗逮，务欲胜之，一切谢客，忘食忘寝者三日夜，得五十阕，杂易安作以示友人陆德夫。德夫玩之再三，曰：'只三句绝佳。'明诚诘之，答曰：'莫道不消魂，帘卷西风，人比黄花瘦。'正易安作也。"

　　说的就是赵明诚收到李清照的情函之后感动之余有羞愧之心。他反复叹赏这首《醉花阴》之后，决定闭门谢客，用尽心力作词回赠。废寝忘食三天三夜，作词五十首。他内心那一点童稚的计较是不愿意透露给李清照的，他只能自己笑话。

　　于是，他将李清照的《醉花阴》混杂于自己的五十首词作里，邀请友人陆德夫品赏。岂料陆德夫赏玩再三，得出的结论却是："众词作里，唯有三句惊人。"当赵明诚问及是哪三句时，陆德夫回答他："莫道不消魂，帘卷西风，人比黄花瘦。"霎时，赵明诚内心的那一点男人虚荣中略带羞耻的计较之心变得甚为卑微。

　　才华是一种天赋，不是一项技能。纵使赵明诚的才华有出众之处，但是李清照才赋异人，非是常人可及。她爱的男人也不能例外。才华与爱无关，但总能带来与爱有关的二三逸事为外人道。无论故事真伪，它们多少能反映出那些才子佳人之间浪漫的蛛丝马迹。虽然那一些浪漫，在静心回想的时候总是要夹杂人性里太多的异味。

　　比如赵明诚的计较之心，就如同洁白衬衫的衣角那一块并不起眼却实为多余的污渍。他们再一次让我想起来张爱玲与胡兰成。当然，这是一些别处的话了。

　　李清照这一首词确实都集中在末了三句之上。一个"瘦"字，言盖了众多情怀。瘦，就是对李清照重阳独处的光景最好的概括。引一首铭记在心的《醉花阴》向李清照致敬，向李清照与赵明诚那一段暖妍芬芳的光阴致敬，向被人遗忘的重阳致敬。

锦瑟年华谁与度，莫问情归处。

只影向斜阳，剑吼西风，欲把春留驻。

天涯芳草无归路，回首花无数。

解语自销魂，弱袂迎春，尘缘不相误。

愁不倚（玉楼春）

红酥肯放琼苞碎，探著南枝开遍未？
不知酝藉几多香，但见包藏无限意。

道人憔悴春窗底，闷损阑干愁不倚。
要来小酌便来休，未必明朝风不起。

——李清照《玉楼春》

如果能够劝说自己多一些冷漠，或许她能过得好许多。但是她没有，她不能，她无力违逆宿命里的明慧与敏锐。她再一次地在现实里遭遇了劫难。她会在自己软弱的时候饮酒。她会在自己软弱的时候填词。她会在自己软弱的时候作诗。她会在自己软弱的时候赏梅。

她对梅花是有情结的，正如她热爱太多有气节的植物一样。女人是对植物敏感的动物，李清照也不例外。那一日，她再一次将目光浇注在了那一棵梅树上。一些花骨朵含苞待放，而另外的那一些盛放出倔强的生之刚美。她始终都能从那一些梅处获得能量。这一次也不例外。

那花瓣仿若红色凝脂，盛烈的绽放如同是一场苞碎度化的仪式。由新芽，到苍绿的大树。由琼苞，到殷红的花朵。经历的挣脱的时辰并不比她的苦难的时辰少。花未开全，尚有生计在蓄势。只有那向阳的南枝透露出一些光明的昭示。她看着它们心里是有艰涩的欢喜的。

事无完事。她并指望它们活化成精来点化她的生之去向，但是她本来要的也只是一点寄托的归处。转身静默之时，她依然要面对自己憔悴春窗底的身体里掩藏的那一些支离破碎的现世。她是有一些闷煞的怨气的。但她于一回顾一赏望间，恍惚明白了一些事情。

要来小酌便来休，未必明朝风不起。本是饮酒观花的，那么，想要来饮酒赏梅的话便好好饮酒赏梅罢，等到明天说不定就会起风了罢。这仅有的一点逸致的光阴还是不能够荒废的。

这首咏梅的《玉楼春》就是写于宋徽宗崇宁前期，当时正值新旧两党之间竞争十分激烈的时期。李清照此时的情绪应当是处于一个低谷时期。父亲因受牵连遭到贬谪，而公公赵挺之却没有对之用出丝毫的力气。生之辗转蹉跎便在不期而遇的时间里嚣张跋扈。

宋徽宗崇宁元年（1102年），蔡京任右相，极力打压旧党人氏。同年五月，"诏元祐诸臣各已削秩，自今无所复问，淹着亦匆辄言"。九月，"籍元祐及元符末宰相文彦博等、侍从苏轼等、余官秦观等、内臣张士良等、武臣王献可等凡百有二十人，御书刻石端礼门"。

次年九月，"令天下监司长力厅各立《元祐奸党碑》"。宋徽宗崇宁三年六月"诏重定元祐、元符党人及上书邪等者合为一籍，通三百九人，刻石朝堂，余并出籍，自今毋得复弹奏"。

李清照父亲李格非入元祐党籍。虽然关于李格非所受处罚史籍无详细记载，李清照本人亦没有受到过于深重的牵连，但是这对李清照的影响却非寻常。

写漱玉词，写李清照，那一段新旧党争的历史势必会被再三提及。这也是容易理解的事情。因为那一段光阴在李清照生命里承载了太多。太多的沧桑和冷暖。太多的未知与惊惶。太多的弃离和消逝。于是李清照作这首《玉楼春》是带着巨大的隐忍的艰涩和忧患的。

关于这首词，《宋词鉴赏辞典》里分析精准：

"傲立霜雪，一枝独秀的梅花是历来文人墨客的吟诵对象，特别是宋代咏梅词更多，其中能尽得梅花神韵的上乘之作却并不多见。清照的这首《玉楼春》当属其中的佼佼者，不仅写活了梅花，而且活画出赏梅者虽愁闷却仍禁不住赏梅的矛盾心态。"

清人朱彝尊在《静志居诗话》也这样高度评价到李清照的这首《玉楼春》，他说："咏物诗最难工，而梅尤不易……李易安词'要来小酌便来休，未必明朝风不起'。皆得此花之神。"李清照写梅，如同临水着花。写的是一样情结，抒的是两种心意。

当一个女子热衷在文字当中描述植物来表达某一些情念的时候，她本身就已经开始浸染一些植物气质，成为名副其实的植物女子。

这是一种气质，甚至可以演变成一种气节。在她的生命质地里融入更为清新的东西，那一种东西就是让她变得更为通透的要素。她将会变得潇洒，沉静，宽容，安宁，平和。比如，晚年的李清照。

不相逢（行香子）

草际鸣蛩，惊落梧桐，正人间、天上愁浓。

云阶月地，关锁千重。纵浮槎来，浮槎去，不相逢。

星桥鹊驾，经年才见，想离情、别恨难穷。

牵牛织女，莫是离中。甚霎儿晴，霎儿雨，霎儿风。

——李清照《行香子》

七月初七。

她独自在乱气喧嚣的尘世摸索，摸索内心尚存的温暖希望的情状。丈夫离家赴任，她再一次陷入寂寞的惶恐当中。推开窗户望那天地之间的清亮，却讨不来一点暖。杂草丛里蟋蟀鸣声惊破了阒寂的光阴。院里梧桐叶簌簌离落，她错觉是被那蛩鸣惊煞了生机。

日已七月又初七，却正是人间天上离愁别怨最浓最重的时候。她到底还是没有忍住。愁从心来。

她仰起头来望天。见云团厚重，连绵不绝。大约那就是牛郎织女七月初七鹊桥相会的地方。一年一会不过只是星星之火。云阶月地的星空当中，他们被千重关锁阻隔。其余的光阴都只是点缀。因他们，如同浩渺星河中的浮槎，来往荡游，却是不能聚首。咫尺若天涯，天涯却又近在咫尺。

星桥鹊驾，经年才见。他们心里的离情别恨怕是在这短短一日的光阴里难以尽述。有多少话要对面前的这个人叙说。关于这一年的晨雾甘露，关于这一年的月圆月缺，关于这一年的思念劳作，关于这一年的赤裸裸的孤独。正如杜牧那首《七夕》诗里说的："云阶月地一相过，未抵经年别恨多。"

可当她再抬眼望去的时候，这天色变幻不定。她忽然心里便生出强烈的隐忧。她担心这一时晴一时雨一时风的天气会在这郑重的日子里生出事端做出阻碍。她生怕牛郎织女这一欢会聚首遭受妨碍。牵牛织女，莫是离中。他们不会还在分离当中吧。她是在问自己，也是在质疑自己假装的镇定自若。

李清照在这首词里，用到了"浮槎"一词。浮槎，传说是来往于海上和天河之间的木筏。张华的《博物志》有这样一句话：

"旧说云：天河与海通。近世有人居海渚者，年年八月有浮槎去来，不失期。人有奇志，立飞阁于槎上，多赍粮，乘槎而去，十余日中犹观星月日辰，自后茫茫忽忽亦不觉昼夜。"

她是要引此典来说明她的现状和那一些明明灭灭于她内心的期许。至于牛郎织女的故事，大约是家喻户晓的。

南朝的宗懔在《荆楚岁时记》里有这样的记载："天河之东，有织女，天帝之子也。年年织杼役，织成云锦天衣。天帝怜其独处，许嫁河西牵牛郎。嫁后遂废织纴。天帝怒，责令归河东。唯每年七月七日夜，渡河一会。"《风俗通义》里也有"织女七夕当渡河，使鹊为桥"的话。

这首词在《历代诗余》里题作《七夕》。它大约是李清照作于崇宁二年至崇宁五年之间，此时的李清照的年纪大约在十九岁到二十二岁。从词意里分明可以断定李清照与赵明诚他们夫妻二人分居两地。而带来这一次分离的事正是那次"元祐党争"的政治事件。

此时李清照回到了老家的百脉泉边，景况寂凉。于是这一年七月初七，她到底还是败给了记忆。记忆里的难舍与内心深处那一些对赵明诚倔强的不离。牛郎织女尚有聚首的日期，人间夫妻两地分离却是未来渺渺。她内心不由自主地涌起跌宕。那是她意料之外却是情理之中的波澜。

十九岁到二十二岁这几年时间里，李清照需要容纳并且必须要消化的是新旧党争在身体里刻下的烙印以及公公赵挺之自称"天水赵氏"的赵家门庭里的冷漠炎凉。

这一首《行香子》是整部《漱玉词》里我最爱的词之一。那是一种不由分说的喜欢。是一种一见钟情的爱。每一个字联在一起之后，当中总有一种极为强烈又隐忍的酸楚流动起来。那一种意境当中的流动感让人无法忽视它本身的存在所具备的某一种会让人铭心刻骨的力量。人总会对一些带着伤感、隐忧、不知所措的情绪迷恋。

旧时女子总是对男人有依赖的。这与女人的内心的绵软无关，这是旧时风气所致。而李清照在她的词里透露出来的却是与众不同的一种眷爱。单纯明确，婉转但不优柔。她总能让自己的爱看过去比旁人的干净。

连闺思情念的吐露也会少去许多庸常的浊气。

好黄昏（小重山）

春到长门春草青。江梅些子破，未开匀。
碧云笼碾玉成尘。留晓梦，惊破一瓯春。

花影压重门，疏帘铺淡月，好黄昏。
二年三度负东君。归来也，著意过今春。

——李清照《小重山》

一年。
又一年。
再一年。

她到底还是重新回到这个老地方。她内心深处尚未淡却那一年的离情别影，这一端竟已置身旧地。满眼葱茏春草，仿佛要蔓延到陈皇后的长门宫前。春寒料峭已然不是妨碍，墙头那一枝梅花渐次绽开，仿佛带着一些鲜为人知的寓意。但是她明白。一点儿也不会出差错，明明白白地把那一些苦、痛、不堪带来的路途上的道理领悟在心。

再见到这一些相熟的景与人，她恍然之间就看穿了光阴里那一些嚣张的虚妄。她独自坐在汴京的闺房里，置身这渐近的春光里，于江梅初绽的单薄影下，合眼小寐。待晓梦初醒，来饮一杯新进的上品龙凤团茶，将这惊动未定的心抚平，再焙暖。春草江梅，是可喜之景。小瓯品茗，是可乐之事。足矣。

花影重重，印染于那朱色门面。洁白月光落入窗里，横铺满地。她这一抬眼一叹念，剥落了时光，沉醉了流年。而这黄昏，于这一刻，呈现出小病初愈的静美。

这几年里，竟三次错过了这汴京家里的春光盛景。她如是说，心里沉淀下的能量也在不经意之间有泄露。如今总算重回故地，她需要止住那一些外渗的思量，她需要清净地度这一回欢喜新春。这才是当下最珍贵的事情。

这首《小重山》大约是李清照于崇宁五年所作。是年春，正月，宋徽宗销毁了元祐党人碑，并大赦元祐党人。在朝廷的诏令中宣布，给予李格非这样"罪轻"者一个"监庙差遣"的职位。后来便是蔡京被罢去宰相的时期。正式解除党禁之后，李清照于崇宁五年正月回到汴京，作下这首《小重山》。

关于词中引来的典故是一段关于汉孝武帝时陈皇后失宠的事。"长门"，即汉代长安离宫名，汉武帝陈皇后失宠时曾居此处。司马相如的《长门赋序》里说：

孝武皇帝陈皇后时得幸，颇妒。别在长门宫，愁闷悲思。闻蜀郡成都司马相如天下工为文，奉黄金百斤为相如、文君取酒，因于解悲愁之辞。而相如为文以悟上，陈皇后复得亲幸。

陈皇后本是汉朝孝武帝刘彻的原配妻子。当年遭人栽赃陷害，因"'巫蛊'案"被孝武帝刘彻以"巫蛊"之罪下诏废后："皇后失序，惑于巫祝，不可以承天命。其上玺绶，罢退居长门宫。"陈皇后的母亲馆陶长公主在女儿失位之后"千金买赋"，花费千金央求司马相如为陈皇后写了那一篇《长门赋》。

夫何一佳人兮，步逍遥以自虞。
魂逾佚而不反兮，形枯槁而独居。
言我朝往而暮来兮，饮食乐而忘人。
心慊移而不省故兮，交得意而相亲。
…………
忽寝寐而梦想兮，魄若君之在旁。
惕寤觉而无见兮，魂迋迋若有亡。
众鸡鸣而愁予兮，起视月之精光。
观众星之行列兮，毕昴出于东方。
望中庭之蔼蔼兮，若季秋之降霜。
夜曼曼其若岁兮，怀郁郁其不可再更。
澹偃蹇而待曙兮，荒亭亭而复明。
妾人窃自悲兮，究年岁而不敢忘。

只是，那时，司马相如向汉孝武帝呈上《长门赋》一文之后，孝武帝读罢仅对司马相如的才华大加赞赏，至于陈皇后，却是只字不提。汉武帝自把陈皇后幽禁于长门宫之后，两人至死都不曾再相见。数年后，陈皇后去世，与母亲刘嫖一起陪葬霸陵。

这便是旧时宫廷女人的悲哀。为了挣得皇帝的一张床，使尽浑身解数，钩心斗角，时刻预备置周遭的女人于死地。人性在最华美的外表下露出最原始的狰狞。弱肉强食，良知泯灭，无信任与感情。唯剩苍白深刻的掌纹背后那一些渗入骨血的冷漠与残忍，人与人之间那一些恶心甚至变态的关联。

只是，她们只能在这一些隐蔽的带着芳香的罪恶的庇护下，才能使自己在那一个男人面前生出歹毒销魂的光芒。如此，他们才能得到爱，得到正常女人的所得与对待。

如此，李清照她必然明白这一刻她所得到的生之眷顾。在苦痛、劫难之后依旧有重新的机会，即将到来的流离辗转都已不再是沟壑天堑。她知道自己渐渐蓄积了一些鲜为人知的力量，随时迎向变幻莫测的生之疼痛。她此刻应当是满足地并且信誓旦旦地在活。

除此之外，"金屋藏娇"一词也是从陈皇后那里得来。陈皇后小名阿娇，世人称之为陈阿娇或陈娇。坊间野史如志怪小说的《汉武故事》有这样一段记载：

帝以乙酉年七月七日生于猗兰殿。年四岁，立为胶东王。数岁，长公主嫖抱置膝上，问曰："儿欲得妇不？"胶东王曰："欲得妇。"长主指左右长御百余人，皆云不用。末指其女问曰："阿娇好不？"于是乃笑对曰："好！若得阿娇作妇，当作金屋贮之也。"

陈阿娇，她于那一头拼尽气力想要赢回遗失的关怀。李清照，她于这一处心有微澜地吐露失而复得的感慨与爱。而她们中间隔着的，是千余载的汤汤流途。

两生花开，曜之铧铧。
她们被杜撰，她们谋生亦谋爱。

尚风流（满庭芳）

小阁藏春，闲窗锁昼，画堂无限深幽。

篆香烧尽，日影下帘钩。

手种江梅渐好，又何必、临水登楼？

无人到，寂寥恰似、何逊在扬州。

从来，知韵胜，难堪雨藉，不耐风揉。

更谁家横笛，吹动浓愁。

莫恨香消雪减，须信道、扫迹情留。

难言处，良宵淡月，疏影尚风流。

——李清照《满庭芳》

方寸之地藏锁了百分春气。这日光春景当中膨胀的生机和爆发力就如同她心底难以自抑的那一种莫名的惆怅。嚣张猛烈。

她不是不明白自己的心之所向，她只是慨叹，慨叹自己气力单薄的贫弱。她对所遭逢的境遇无法扭转。但见这画堂幽深，春意无限延展绵融。翠帘慵卷，她于漫不经心之处凝得一束花光。那是与她的气场相契合的美。由内而外，利落清澈。

花木长新日月闲。时间走得快，转眼便风光大异。见那篆香渐消，日落西山光阴无多。昼光将熄之际便是日影下帘钩之时。曾经，她与他眉目交合，莺莺软语。无奈光阴荼毒，已是今非昔比。再见那院里梅花正好，她知道再无须效仿前人，临水登楼饮酒赏望。只是，这一株梅，曾是他执她手亲自种下。

以及，那个叫作何逊的男人。他也曾如她此刻一般的孤寡落寞。独自面对一树团圆花朵，内心却是无人问津的焦虑和惶恐。如若不是还有爱，她大约也将要狠心离弃这冗杂红尘的。因为她太在意自己内心的清洁度。

人向来只知梅格高韵胜，却总忽略它亦有惊惧风雨蹂躏的绵软之质。这梅与她是有共性的，否则她不会对梅百般热爱，不惜赞赏了又复赏赞。她忽又闻听哪家横笛声声，缱绻幽然，绕梁几转。那个中声涩隐蔽又缥缈，却被她捕捉个正着。

一花一曲一空事。莫如望淡雪减香消，唯记那扫迹情流风影尚盛的景况良辰。如此，一切还有美好的余地。

在李清照的咏物词当中咏梅词的数量是最多的，这一首《满庭芳》后人补词题为"残梅"。它大约作于宋徽宗宣和二年至宣和五年，即 1120 到

1123 年间。李清照与赵明诚的青州十年的隐逸生活结束于赵明诚辞别"归来堂"。

1119 年，宋徽宗改元宣和。这一年赵明诚与李清照最终完成了金石巨著《金石录》的撰修工作，赵明诚离开青州"归来堂"，重返汴京广事交游。这一时期正是赵明诚联络亲友旧故最为频繁的时期。这一些亲交故旧对他的学问与才华赞赏有加。

他的妹婿傅察曾这样形容他："妙龄擢秀如黄童，藉甚词林振古风。澜翻千载常在口，磊落万卷独蟠胸。不将龟筮论从逆，独向诗书有高识。琳宫乞得十年闲，可但新诗胜畴昔。"一时间，赵明诚与他的《金石录》便名扬汴京文化仕宦阶层。

终于，赵明诚重新得到荐举。在北宋末期士风日下的政坛，宋徽宗对隐遁青州十年专心做学问的赵明诚生出额外好感，将十一年前的鸿胪寺少卿逾级提拔为某郡的郡守。当赵明诚赴任之时，李清照尚独自居于青州"归来居"，并未随宦。至于这个中原因不得而知。

时至岁末。素来孝恺的赵明诚回到青州与亲人团聚，探望年近八十的母亲郭氏。李清照与赵明诚因此而得再聚。这一首《满庭芳》大约就是作于此时。

感情这件东西，存在于两个人之间绝不可能始终坦顺波澜不惊。如若是，这样的感情本身就非是健全完满的。男人总是具备一些颠簸女人心内气场的素质，女人亦具备一些让男人心气浮移的本事。

比如，纵使赵明诚对李清照的爱深入骨血，但在旧时，那一些风神俊逸的男子总会于不经意间沾惹上别处的香屑。错不在他们，错在时代里男尊女卑的风气。

从赵明诚赴任之时没有带上李清照随宦的那一刻开始，他们俩之间便隐隐有一些灰涩的羁绊生长出来。后来长成为彼此之间的某一处芥蒂。两个人相处，总是要经历这样的过渡期。

感情到了一定的程度是需要升华甚至依靠转性才能得以持续长存的。而在这之前势必要经历某一些疏淡冷漠。若是挨得过，那么事就成了。若是挨不过，那么事就这么了了。

青州十年已过，正风华正茂的赵明诚身边除了李清照绝不可能没有别的年轻美貌的女子。而这一些女子，正是在这一短时期里折损他内心对李清照的那一些爱的勾引诱惑。赵明诚养歌姬甚至纳妾的行为在旧时都是理所当然的事情。但这到底是妨碍了李清照内心对爱情的严苛与清正。

所以，此刻，她对赵明诚有话要说。她说："手种江梅渐好，又何必、临水登楼？"她说："无人到，寂寥恰似、何逊在扬州。"

度芳姿（多丽）

小楼寒，夜长帘幕低垂。

恨萧萧、无情风雨，夜来揉损琼肌。

也不似、贵妃醉脸，也不似、孙寿愁眉。

韩令偷香，徐娘傅粉，莫将比拟未新奇。

细看取、屈平陶令，风韵正相宜。

微风起，清芬酝藉，不减酴醾。

渐秋阑，雪清玉瘦，向人无限依依。

似愁凝、汉皋解佩，似泪洒、纨扇题诗。

朗月清风，浓烟暗雨，天教憔悴度芳姿。

纵爱惜、不知从此，留得几多时？

人情好，何须更忆，泽畔东篱！

——李清照《多丽·咏白菊》

深秋的天是寒的。

那一种寒是缓慢但深入的。她躲进小楼成一统，低垂帘幕，融入漫漫长夜，自讨一些微弱的暖。风起。雨落。帘动。花摧折。她兀自担心起院里的萋萋白菊。它们是她的心头爱，就如同那一年他赠予她的钗。她是惯于对那一些植物、饰物倾付感情的。

所以，当她此时作词对它描述时，她的内心呈现出一种前所未有的敞亮，将所有的横亘时间之间的妖娆尽收眼底。那一些女子仿佛成了她掌心里的物，却都不过只是衬托。衬托她眼目之前那一抹一抹的菊白。

她是将它看成有灵有气的命。女人的命。冷风习习，清芬酝藉，不减酴醾。多欢喜。只是，这一些欢喜都抵不过它的孤寂。

仿佛它是有情绪的。比如这一刻，它向人依依袅袅婷婷的风姿里透露出一些无可奈何和无能为力。它本身无多气力，只能对别人别物生出指望。人情凉薄，连它的依傍都仿佛带着羞赧的思虑。而此刻她对它，只有生怕芳姿憔悴的怜重之心。

这首词在《乐府雅词》本中题为"咏白菊"。清人况周颐在《珠花簃词话》里这样评价到它：

李易安《多丽·咏白菊》，前段用贵妃、孙寿、韩掾、徐娘、屈平、陶令若干人物，后段雪清玉瘦、汉皋纨扇、朗月清风、浓烟暗雨许多字面，却不嫌堆垛，赖有清气流行耳。"纵爱惜，不知从此，留得几多时"三句最佳，所谓传神阿堵，一笔凌空，通篇具活。歇拍不妨更用"泽畔东篱"字。昔人评《花间》镂金错绣而无痕迹，余于此阕亦云。

来记几个词里引的典故。

关于"贵妃醉酒"。相传某日唐玄宗与杨玉环约定设宴百花亭赏花饮酒。结果约期已至，杨玉环欢切地赴宴百花亭却不见唐玄宗车驾。迟待移时，迟之久，迟之又久。当杨贵妃得知唐玄宗因与江妃欢耍才未来赴约，懊恼欲死。于是她借酒消愁，却不料二杯即醉，春情顿炽，姿容更显娇媚，倾倒众人。

关于"孙寿愁眉"。《后汉书·梁冀传》中有孙寿"色美而善为妖态，作愁眉啼妆、堕马髻"的话。孙寿是东汉权臣梁冀之妻，貌美且善妒。梁冀身世显赫，一生历仕四帝，但为人歹毒奸诈，且十分惧怕其妻孙寿。夫妻二人为非作歹，贪赃枉法，无恶不作。后来在政治斗争中，双双畏罪自杀。

关于"韩令偷香"。韩令即东晋人韩寿，是西晋大臣贾充的随从。因他仪表俊俏，贾女便对他产生爱慕之心，后与之逾墙幽媾。某一次，贾女偷了父亲的御赐西域奇香赠予韩寿。因此香沾身不易退散，贾充会见诸使闻到韩寿身上的异香便料中两人私情。无奈之下，将女儿嫁给韩寿。

关于"徐娘傅粉"。徐娘即南朝梁元帝妃徐昭佩。她曾与元帝臣子暨季江私通。对她，季江曾曰："徐娘虽老，犹尚多情。""半老徐娘"一词就是出自她的身上，形容妇人虽年老却不色衰。其实并无徐娘傅粉的典故，此处所写，如果不是李清照的笔误，就很有可能是传抄致讹。

关于"汉皋解佩"。汉人刘向所撰《列仙传》中记到一个神话故事："'江妃二女者，不知何所人也，出游于江、汉之湄，逢郑交甫。'交甫见而悦之，二女解佩与交甫。交甫悦受而怀揣之，'趋去数十步，视之，空怀无物；顾二女，忽然不见。'"郑交甫于汉水边遇见二女，爱慕她们并且表达了心意。二女无丝毫愠色，且解下玉佩赠予他。但，人与物却又于弹指瞬间消失。

关于"纨扇题诗"。它说的是众所周知的班婕妤与汉成帝的事。曾经，班婕妤入宫得宠一时。在赵飞燕姐妹入宫之后，班婕妤失宠，供养太后于长信宫，于是作了一首《团扇歌》。团扇即是纨扇，用细绢制成。"纨扇题诗"说的就是这件事。

李清照在这首《多丽》当中用典颇丰。她引贵妃、孙寿、韩掾、徐娘，旨在说明白菊的纯真天然，无雕琢做作之气。她引屈平行吟泽畔、陶潜采菊东篱，是要表达内心对二人盛誉白菊赞同的心意。她引"汉皋解佩""纨扇题诗"，为的是倾吐。倾吐自己的孤独与顽执。像是独白，但又不是。

如若来世她投身做男子，那么她势必会懂得去从一而终地对待那一个女子。正如她濯濯清华的思想当中对赵明诚、对爱情的某种程度上忠贞的祈求、执念。

凝眸处（凤凰台上忆吹箫）

香冷金猊，被翻红浪，起来慵自梳头。

任宝奁尘满，日上帘钩。

生怕离怀别苦，多少事、欲说还休。

新来瘦，非干病酒，不是悲秋。

休休！这回去也，千万遍阳关，也则难留。

念武陵人远，烟锁秦楼。

唯有楼前流水，应念我、终日凝眸。

凝眸处，从今又添，一段新愁。

——李清照《凤凰台上忆吹箫》

秋。他远赴汴京。她孤居青州。情之舛错于他们之间凸显得尤为剧烈。这是他们的爱之旖旎，也是他们的爱之乱离。

金猊铜炉里熏香早已冷透，如同她此刻的冰凉心意。红色锦被被她胡乱堆放在床上，晨光映照，恍似红浪。清晓初起，内心倦意汹涌，慵自梳头。任凭那华贵的梳妆匣坠满尘灰，任凭那喧嚣的日光映上帘钩。这一回，她似乎要决定带着一种消极的放任态度来面对别离。

爱情里，她成了一个再寻常不过的柔婉女子。害怕人情迎拒，而离怀别苦最是虐心。她不能确定此时的他是否一如当年那个信誓旦旦的男子。她不能确定他选择独自赴任，是否已经携带了某一些情似枯萎的隐示。有多少话要向他倾诉，可是正欲吐露却又不忍开口。她的挂虑和忧愁非是三言两语即可道尽。

新近，她渐渐消瘦。不是因为饮酒，不是因为秋深，不是因为一切外力的催化干扰。只是她的内心被他于不经意间注射进了腐蚀单纯腐蚀明光的毒。她知道她的深情始终抵不过他的转身。

算了罢。算了罢。他是必定要走的。唱尽万遍《阳关》离别曲，也不能将他挽留。她知道，这是她无能为力的事情。每每想到他已远去，剩下自己寡居空楼，她内心的执念总会反复涌动，对她的心思做出怂恿。如今唯有门前流水顾念她凝目却也望不断的旧忧。以及日后那日日盼归的新愁。

在这首词里，李清照引了两个典故。一是"武陵人"，一是"秦楼"。后人将陶渊明的《桃花源记》里的武陵桃源的传说与刘晨、阮肇遇仙的故事相结合衍生出了此处所引的新的典故。

《续齐谐记》里记道：后汉人刘晨、阮肇入天台山采药迷路，后遇见二仙女心生爱慕，结为夫妻之后却又思家求归心切。李清照的"武陵人"说的正是她的丈夫赵明诚。

至于"秦楼"。汉人刘向的《列仙传·卷上·萧史》里记道："萧史善吹箫，作凤鸣。秦穆公以女弄玉妻之，作凤楼，教弄玉吹箫，感凤来集，弄玉乘凤、萧史乘龙，夫妇同仙去。"李清照化此典，既浅写雾霭对夫妻居所的隔断，也深寓内心对爱人秋水望穿的念意。

李清照的这首《凤凰台上忆吹箫》作于李清照偕赵明诚"屏居乡里十年"生活结束，赵明诚重返仕途的时候。较之别的词作情意更显浓郁。色彩饱满艳丽，像一幅油画。爱情跟生命有太多相辅佐相契合的道理。感情总是在危险迫在眉睫的时候才能将爱本质里的汹涌蛮横甚至暴烈的欲望显现出来。惧别离，正是关于欲望的某一种昭示。

即将离别的、快要失去的，或者覆水难收的绝灭，都能激荡起人心底最原始的占有欲。渴念得到伸张，被渲染。然后喷薄而出，于是促就成了这一阕《凤凰台上忆吹箫》。

清人陈廷焯在《云韶集》里盛赞此词道："此种笔墨，不减耆卿（柳永）、叔原（晏几道），而清俊疏朗过之。'新来瘦'三语，婉转曲折，煞是妙绝。笔韵绝佳，余韵犹胜。"

李清照织进这首词里的情意非是佶屈聱牙的依傍和难舍，她只是借这个并不够好的情感现状来描述并且强调自己的爱情理想。事与愿违的际遇并不能摧损她，摧损她的是赵明诚在这一时表现出的力不从心和有始无终的趋向。这才是让她不能接受的。

爱别离，年华损。是波折，是劫难，亦是考量，却非是沟壑不能逾越。只要彼此心中根深蒂固一种爱之眷恋，那么彼此仍旧将涉过幽深水流，踏去岸上，满修行得正果。

词话四

花光月影宜相照

闲滋味（念奴娇）

萧条庭院，又斜风细雨，重门须闭。

宠柳娇花寒食近，种种恼人天气。

险韵诗成，扶头酒醒，别是闲滋味。

征鸿过尽，万千心事难寄。

楼上几日春寒，帘垂四面，玉阑干慵倚。

被冷香销新梦觉，不许愁人不起。

清露晨流，新桐初引，多少游春意。

日高烟敛，更看今日晴未？

——李清照《念奴娇》

寒食节至。浮游于她心上的是尚未淡去的念想。他此时留给她的是虚妄，是记忆之上笔墨之下的虚渺音信。

重重庭院深深幽幽冷冷寂寂。斜风起，细雨过，层层院门紧闭。纵使柳绿花红艳媚跳脱也难耐这风雨交加的恼人天气。她心里是隐有妒春之意的，而此时此刻她所能做的事情更是寥寥。险韵诗作了，扶头酒也喝了，心中却依然滋味闲愁。

小窗微启，见征鸿过尽，深闺独处情难寄。她必须承认，一些时刻，她像大多数女人一样，对男人是有依赖的。比如清明这一日。

连日来的春寒染透了闺楼。她起身将帘幕垂下，想起自己已许久未曾凭倚那雕花栏杆赏花望月。征鸿过尽，音信无凭，纵使阑干倚遍，亦复何用。房内熏香已熄，锦被亦是愈发清冷，她在那蚀骨的春寒里兀自醒来。辗转反侧再难入眠，愁念尚存又不愿草草而起。

正当时，画面止住，又切换。一帧撤下，一帧换上。她仿佛茅塞顿开一般地于明光暗灭间抓住了光一点，明白了一些什么。清露坠在叶肉上淌动，梧桐树也开出了新花。她忽然之间就想奔出门外踏青游春。这样想是最好的。对自己多一些爱总是好事。日头已高，晨霭渐敛，待望清明天气晴好。

李清照的这首《念奴娇》从"清露晨流"一句开始，意境陡然一折。从清苦的词调变得清空疏朗，低徊蕴藉。

清人毛先舒在《诗辨坻》里说到李清照这首《念奴娇·春情》时精准扼要。他总结道：

李易安《春情》，"清露晨流，新桐初引"，用《世说》全句，浑妙。尝论词贵开拓，不欲沾滞，忽悲忽喜，乍近乍远，所为妙耳。如游乐词，须微著愁思，方不痴肥。李《春情》词本闺怨，结云"多少游春意""更看今日晴未"，忽而开拓，不但不为题束，并不为本意所苦。直如行云，舒卷自如，人不觉耳。

确实如此，末句更是大有"今朝有酒今朝醉，明日愁来明日愁"的气场，读来内心忽觉十分敞亮。毋庸置疑，李清照的内核是强大的，她总能于忧郁的时日里让自己的心升上天空。

想起来袁枚那一首同样是作于清明节前后的《春日杂诗》。因为袁枚的诗素来向重"性灵"，融主观意念于客观物事当中，浑然妙绝又各有褶皱，所以他的诗与李清照的词透露出来的气质如同两股彼此分明却又深蚀的水流。因此，拿这首《春日杂诗》对照着李清照的《念奴娇》来读是十分有趣的。一个暖一个凉。这一头勃勃生机，另一边花事荼蘼。

清明连日雨潇潇，看送春痕上柳条。
明月有情还约我，夜来相见杏花梢。

清明时节雨纷纷，赠予我连日的潇潇阴沉。见那柳染新绿意蕴正芳，生机看进了心里去。明洁的月如少女一般地款款深情，仿佛她是来专门向我吐诉衷情，待夜深人静于杏花树梢约见。她用清新曼妙的笔墨将这一些温暖心事窃窃地说与你听。

袁枚是清代诗人。字子才，号简斋，晚年自号仓山居士，随园主人，随园老人。钱塘（今浙江杭州）人。乾隆时期，他曾与赵翼、蒋士铨合称为"乾隆三大家"。性情随静，有大隐士的风范，曾在江宁隋氏废园，即

"随园"居住近五十年。

他倡导"性灵说"。认为写作应当写出个人的"性情遭际"。不避讳不虚荣不妄构。要真实诚坦直抒胸臆。要将"性灵"和"学识"结合起来。他说，"诗文之作意用笔，如美人之发肤巧笑，先天也；诗文之征文用典，如美人之衣裳首饰，后天也"。

他的诗多如这首《春日杂诗》一样，清新隽永，流转自如。可以看得出，他做文做人的态度与李清照都是有相通之处的。

除却袁枚的这首《春日杂诗》，还有一首与清明有关的诗也很有记下的必要。因为这一首诗无论从遣词还是从意境上都与李清照的这一首《念奴娇》有异曲同工之妙，是绝佳的上品。诚心而论，袁枚的《春日杂诗》是比不上它的。这一首诗出自北宋理学大家程颢笔下，叫《郊行即事》。

芳草绿野恣行事，春入遥山碧四周。
兴逐乱红穿柳巷，困临流水坐苔矶。
莫辞盏酒十分劝，只恐风花一片飞。
况是清明好天气，不妨游衍莫忘归。

春意正浓，山水绿深。他踏草赏玩，尽情肆意。或脚踩落红穿柳巷，或临水偎坐枯苔矶。他知道这春光的金贵，所以他写不辞酒意不负良时。他说，今日又清明，若得晴好天气，游乐远行最相宜。唯求去去不忘归。

不忘归，因他不是李清照，他还是有家要回的。只有此刻深闺独居的李清照，方才乐意妄为远行不复归，沉堕苍山碧水。

谁与共（蝶恋花）

暖雨晴风初破冻，柳眼梅腮，已觉春心动。

酒意诗情谁与共，泪融残粉花钿重。

乍试夹衫金缕缝，山枕斜欹，枕损钗头凤。

独抱浓愁无好梦，夜阑犹剪灯花弄。

——李清照《蝶恋花》

　　他来了又走，时岁暮了又新春。这时令，和风细雨，暖煦怡人。嫩柳初长，如媚眼微开。艳梅盛开，似红透香腮。她的心思就在举目眺望的风起叶落之间被溶软下来，开始沉坠。沉坠到过往时间当中的某一些画面当中。她投身进自己所造的梦里。回忆也是一件艺术。

一日。

她用酒解意，作诗抒情。可惜无人与共。独唱独坐独饮还独卧。她终
于没有忍得住，淌出泪来。她觉得自己是这样的羞耻，她为自己的孤独感
到羞耻。这不是她此刻应该担当的事情。她对生命的执着里缱绻起对爱情
的困惑。人总是要经历这样的时期——对爱情的困惑期。李清照也是。香
粉溶蚀，花钿坠落。她知道自己这时候是有一些凄凉哀苦的。

又一日。

天晴暖，她着春装，却只是斜欹山枕上。出行对她来说猛然间就变得
无足轻重。女人总是在独自的时候将内心苦闷放大，李清照也做了这件事，
生生地看着那一只钗被枕损。这一些都非难事，最大的窘迫怕是在于求梦
不得也无寐。竟只能于夜阑之时，剪弄灯花以排愁怀。俗传灯心结花，喜
事临门。她这么做不是莫名的。

试夹衫。欹山枕。
抱浓愁。剪灯花。

周而复始，如此度日。

再一日。她起身临窗，日光凶猛地涌入，恍然间她被一束炽烈的暖光
辐照。她就是在那一刻，再一次清楚地看见自己心底所蕴藏的能量。万事
皆未休。她被他留下，有他不知道的寓意藏匿在她的身体中，藏匿在时光
里。并且，它将是美好的。

·

李清照最擅长的便是于细微之处落笔，腾挪辗转。她始终具备那样的
素质，书一点滴成一汪洋，将微小的事情写得荡气回肠。这首《蝶恋花》

被明人徐士俊在《古今词统》里记道："(眉批)此媛手不愁无香韵。近言远，小言至。"

这首词大约作于赵明诚重返仕途之后于当年岁末回乡探母之后。他来了又走，全然不顾李清照的殷殷挽留。他显露出来少有的寡情。

这是比刻意为之的冷漠更残酷的面对。自然之处流露的疏淡，那是带着厌倦之心的。李清照这样的聪敏女子不会不知道这些的。但是她依然知道沉着。一如常往的嘱咐叮咛，再别送。纵然如此，她势必依旧是难过的。叹一句"相见时难别亦难，东风无力百花残"。

相见时难别亦难，东风无力百花残。

春蚕到死丝方尽，蜡炬成灰泪始干。

晓镜但愁云鬓改，夜吟应觉月光寒。

蓬山此去无多路，青鸟殷勤为探看。

那一日的李清照大约是要爱李商隐的这首诗的。聚首不易，离别亦是难舍难分。暮春时与君作别，恰似东风力尽，百花凋残。春蚕到死，丝方吐尽。红烛焚尽，蜡油方涸。清晨对镜晓妆，唯恐云鬓色改。夜阑对月自吟，亦觉孤冷凄寒。蓬莱不远，青鸟信使把路探。

只是，李清照这一回面对的别离是与别人的任何一次都不一样。她面对的是更残酷更直接彻底的，她需要操持的是清醒再清醒的心思。如若有一丝不妥，那么她付出的代价是覆水难收的决裂。

而那一些曾经的誓言，正如人说，它只是开在舌上的莲花。它只能给予你领悟爱之轮回，并不是牢不可破的生之法则。它并不对所有人都具备约束力。世人皆不应该指望它带给你归宿。那只是自欺欺人的把戏。

李清照懂得这个道理。否则，她不会在他远离的这一日就下定决心要重新拾得他的青眼有加的情意，并且已经小心翼翼郑重诚坦地开始做。这就是她的义无反顾的单纯明确的爱。

方寸乱（蝶恋花）

泪湿罗衣脂粉满，四叠阳关，唱到千千遍。

人道山长山又断，萧萧微雨闻孤馆。

惜别伤离方寸乱，忘了临行，酒盏深和浅。

好把音书凭过雁，东莱不似蓬莱远。

——李清照《蝶恋花·昌乐馆寄姊妹》

八月。

她终于决定远行，去寻他。

她内心经历的长久的波折足以褶皱她的年轻与丰盛，她知道自己终将要慢慢老去。姊妹们告诉她，再不能迟疑。唯有你的良意才能匹配他的深情，是不应该给予别的女人任何一丝机会。这一回，你必须放下内心的桀骜，将自己放置到朴素寻常的段位上去看待他的离。爱也是一场博弈，不能轻易认输。

她被感动。娘家姊妹们的那些真挚良言肺腑之意如同璀璨的珠玉一颗一颗坠落进心坎里。她觉得这一刻自己被温情得汪盈丰满。是一种从未有过的纯洁无瑕的暖。因这些割舍不断的情意，她终于泪湿罗衣。颤颤地站在关口对着如花的姊妹们唱诉着离伤。千遍《阳关曲》成为催生伤感的符咒。

愈唱愈悲，难能自抑。

临别之际，姊妹们曾嘱咐她照顾自己。因此行路途遥遥，山长水远，险阻难料。而今，她已行至"山断"之处，独处孤馆，又逢上这绵绵潇潇的夜雨，百般纠结在心头。

每一个人都在兜兜转转的爱或分离当中过活，带着无法预计的眷恋不舍与孤苦。离乱又离乱。因离心自乱。孤馆萧雨堪凄情，杯盏尤物实难遣。此刻她端坐于驿馆，竟不能记起那一日自己在饯别宴席上饮了多少那离别酒。而那些悲伤，亦仿佛融进了酒盏，被一同吞咽掉，再无从计量起多少。

不重要，这一些都不够重要。因她知道莱州不是蓬莱，并非千里之遥难以托寄。她对姊妹们说，有鸿雁传信，自可音信常通。任是时空有阻隔，天涯亲情咫尺远。情意之浓深绝非百里距离就可决断。姊妹花盛，馨香长连。

关于李清照的这首《蝶恋花·昌乐馆寄姊妹》，学者黄墨谷先生曾在《重辑李清照集·李清照评论》里评说了一段话：

《蝶恋花》(泪湿罗衣脂粉满)是一首开阖纵横的小令,王维的"劝君更尽一杯酒,西出阳关无故人",到了她的笔下变成"四叠阳关,唱到千千遍"的激情,极夸张,却极亲切真挚。通首写惜别心情是一层比一层深,但煞拍"好把音书凭过雁,东莱不似蓬莱远",出人意外地而作宽解语,能放能淡。所谓善言情者不尽情。令词能够运用这种变幻莫测的笔法是很不容易的。

李清照的这首词相比寻常的离别词,细腻柔婉之余亦有恣放健拔的骨感。柔软当中有绳索串联,不散不漫,有牵有引。如同是一次家常对谈,深情又朴素。它是李清照于宣和三年(1121年)八月由青州至莱州去寻赵明诚的路途上,经过山东昌乐县时在驿馆中寄语娘家姐妹所作。

人说,兄弟躺在臂弯里,姐妹住在灵魂里。诚然,此处的臂弯和灵魂是不应该有区别的。男人多是行为主义者,女子则更善于心对心的沟通表达。兄弟和姐妹只有这一些区别。但,女人永远比男人懂得恩慈,懂得馈赠,懂得软语。这首《蝶恋花》既是李清照对姐妹们的软语,也有她对赵明诚深切的期许。

从宋徽宗宣和元年(1119年)赵明诚重返汴京广事交游到宣和二年(1120年)被诏为莱州太守。这一段时间里,李清照担当了沉重苍白无以复加的心力折伤。到赵明诚出仕一年之后,也就是宣和三年八月十日,李清照终于做出一个决定,只身亲赴莱州。

赵明诚并不知道李清照的这一举动,因此,当于中秋夜忽见李清照出现在府邸之时,他的内心不会没有惊讶与震撼。并且我相信他亦是有喜悦的。那一种喜悦是经过时间沉淀之后蓄压在他身体里的最隐晦最深刻之处的类似于流体的某一种东西,会流遍他的全身,指引他对自己对李清照对彼此之间的爱做出一些端然的审视。

只是此时赵明诚早已纳妾，身边有第二夫人以及别的年轻美貌女子相伴。他不是李清照，他带着他与生俱来的寻常朴素的一些尘世的浊气。他并不能立即清醒以至甄辨出爱之真伪。

　　但是李清照知道，哪一种爱是他的一生羁绊。她有这个信心，所以她来了。跋涉千里，来到这一座陌生的城池。这一个并不属于她心之眷恋的府邸。这是蓄谋的冲动，她有自己的道理。

　　这一个八月，这一个中秋，对李清照来说是她的第一次争取。为爱，她必须放下内心的虚荣和芥蒂来寻他。没有值得不值得，只有愿意不愿意。

　　她是理智通透的女子，她绝不会故作骄矜，更不会以死相胁，那一些都是段位极低的事情，百无一益。她亦不会故作高洁就此告别，她绝不会用爱情来换虚妄的声名。她知道，若是彼此还有爱，那么她就应当从闺阁里出来。到他的这一处来。这是绝对不会错的。

　　后来的事实证明了，李清照是多么了不起。

花莫笑（蝶恋花）

永夜恹恹欢意少，空梦长安，认取长安道。

为报今年春色好，花光月影宜相照。

随意杯盘虽草草，酒美梅酸，恰称人怀抱。

醉莫插花花莫笑，可怜春似人将老。

——李清照《蝶恋花·上巳召亲族》

国难当头。

这长夜漫漫，她欢意恹恹。

此时，她和她的男人都已经离开淄州南渡，居于金陵城里。曾经的北方成为图腾，标志着鲜红的记忆和湮灭的历史。而如今，只有国破山河在的真实。她是有大胸怀的女子。她的思想当中从来都不止儿女情长那么多。所以这一年的这一日，她回首望"长安"，悲楚难当。

前夜，她做了梦。梦里还是那大气繁华的汴京城。他依然携她的手走街串巷，在热闹人群里给予她单纯的温情。那些宽敞道路、逼仄小巷，以及那富庶的宫阙城池庄严的轮廓，被她辨识得清清楚楚，如若初见。

这年春色有温暾的美，就如早年北方的红绿新意里透露出的风致。俯首见花光，仰目对月影。在她心里头，它们本应是欣欣映照，来给这春增致增韵的。只可惜，今非昔比，此春非彼春。到底是都不一样了。国不是国，家亦不是家，哪还能有怡暖的春。

至这一年的上巳节，无热闹无曲水流觞，无喧嚣无杯盘狼藉，只用简单朴素的酒食填肚。但这没有不好，她反倒觉得是理所应当的，是与她内心所愿相吻合的。国殇之年岂能言笑晏晏觥筹交错把酒欢畅。她觉得这样不妥。

又说，若是有幸得醉，切勿插花惹得心中怀念不绝。人是应当有羞耻之心和大爱之心的。有时富丽，有时清寒。有时烦嚣，有时静默。春将去，人会老。

李清照的这一首《蝶恋花》貌似率直，其实极婉转，极沉。李清照南渡之后的寓恨词作对辛弃疾、姜夔等人的影响是非常大的。这首《蝶恋花》在《花草粹编》里题作《上巳召亲族》。作下这首词的时间大约是在宋高宗建炎元年（1127年）三月三日上巳节赵明诚担任江宁知府时在江宁宴会亲族时所作。

"上巳"，本指每月的第一个节日，后来渐定为农历的三月初三。因此，"上巳节"俗称"三月三"。据记载，"上巳"一词最早大约出现于汉初的文献当中，到春秋时流行。它是古代举行"祓除畔浴"活动中最重要的节日。关于上巳节的情形，《论语》里这样记载道：

> 暮春者，春服既成，冠者五六人，童子六七人，浴乎七沂，风乎舞雩，咏而归。

上巳节，修禊事。那一日，人们要去水边祭祀，并用香熏的草药来沐浴，以去灾祈福，带着比较强烈的宗教意味。《周礼》郑玄注："岁时祓除，如今三月上巳如水上之类，畔浴，谓以香熏草药沐浴。"《宋书礼志二》引用《韩诗》说："郑国之俗，三月上巳，之溱、洧两水之上，招魂续魄，秉兰草，拂不祥。"

在神话里，相传因女娲分阴阳、定姻缘，所以是女娲制定的这个节日。于是，"上巳节"这一日除了起到一定的宗教效应外，在漫长的时光里也渐渐变成男女在祓除之时表达爱慕的好时节。

杜甫的《丽人行》里写到的"三月三日天气新，长安水边多丽人"就隐含这个意思。所以，上巳节，也被称作"女儿节"。春秋《诗经》里的《郑风·溱洧》就是在写少男少女趁上巳祓除之时的相亲相爱之事。

> 溱与洧，方涣涣兮。士与女，方秉蕳兮。
> 女曰："观乎？"士曰："既且。"
> "且往观乎？洧之外，洵訏且乐。"
> 维士与女，伊其相谑，赠之以芍药。
>
> 溱与洧，浏其清矣。士与女，殷其盈矣。

女曰："观乎？"士曰："既且。"

"且往观乎？洧之外，洵讦且乐。"

维士与女，伊其将谑，赠之以芍药。

　　李清照这一首《蝶恋花》的末句所提及的"插花"原是北宋洛阳人的一种习惯。北宋灭亡，词人南渡之后，每每插花便会惹起一阵乡思。这插花与北方之间冥冥之中串联出一种羁绊。是那种带着归宿感流离的伤痛。对于李清照来说，那是一种带着讽刺意味的戳伤。

　　于是，她说"醉莫插花"。这样一个敏感通透的女子，她必须保持持久的生命力来面对当下的真实，她对国家对自己依然有对未来的奋斗之心。

　　一个女子心里所能担当的家、国大约就是这样深重的模样了。李清照是个极致的女子，连她的感情也是如此坦澈。对赵明诚的儿女情意，对北方旧河山的依眷，两样的情肠确实一样的深刻。

更凋零（临江仙）

欧阳公作《蝶恋花》，有"深深深几许"之句。予酷爱之，用其语作"庭院深深"数阕，其声即旧《临江仙》也。

庭院深深深几许？云窗雾阁常扃。
柳梢梅萼渐分明，春归秣陵树，人老建康城。

感月吟风多少事，如今老去无成。
谁怜憔悴更凋零，试灯无意思，踏雪没心情。

——李清照《临江仙》并序

初春，春光递进，元宵将至。

那一座素朴楼阁被朦胧的云雾缭绕，若隐若现。而她闭门幽居其中，只觉庭院深深，并无节日喜庆的欢喜念头。南宋偏安建康，她与他也不得不客居建康城。仿佛这一生都将终结于这里。柳生新绿，梅萼绽裂，这一些细节告知她，春光已临。

曾经她作下过多少诗词来吟风弄月，而如今却已将垂垂老去。她已不知自己还能否做成别的像样的事。飘零之惑袭到她的心上，她是有一些哀苦的。无心去赏元宵试灯，也无意一如往年地去踏末雪。她于沉默里看见自己的内心正枯萎着一树蔷薇，就如同那一段带着耻辱的凋零的历史。这样想着，她突然变得更加悲伤起来。

宋人的风俗当中，正月十五元宵灯会之前预赏花灯被称作"试灯"。至于"踏雪"一说，宋周辉《清波杂志》卷八载："顷见易安族人，言明诚在建康日，易安每值天大雪，即顶笠披蓑，循城远览以寻诗，得句必邀其夫赓和，明诚每苦之也。"

而元宵这一日，她之所以"试灯无意思，踏雪没心情"，是因为，节日的喧嚣聒噪与她内心忧国的寂寥形成了强烈的对比。她愈发觉得愁苦。

这首词作于宋高宗建炎三年（1129 年）初，是李清照晚期代表作之一。南渡以后，李清照的词风开始变得更苍凉更沉郁。这首《临江仙》是她南渡之后的第一首能准确编年的词作。当时，国破家亡，奸人当道。李清照只是弱质女子，既不能横刀沙场，也不能面圣谏言。心中愁苦，唯能诉诸笔端。

李清照是刚烈女子。她也是智慧的。而智慧的女子，她们内心的爱总是博大深刻的。对一草一木，乃至家国大事，都是一样的关注和愿意为之倾付心力。国难当头、奸人当道的这个时期，李清照心中的情感便无法只倾注在儿女私情上，她的眼界里总有太多的生与爱。她是那样地关注那些流落受难无爱的人。

正因为此，所以她对风花雪月丧失了兴致。加之建炎年间外无良将、内有庸臣，因此，她对南宋朝失望，对这个时代失望。

宋人庄绰的《鸡肋编》卷中有这一段记载："时赵明诚妻李氏清照亦作诗以诋士大夫'南渡衣冠少王导，北来消息欠刘琨'。又云：'南来尚怯吴江冷，北狩应悲易水寒。'后世皆当为口实矣！"

这说的是有一回，李清照登上新亭时想起"新亭对泣"的故事，想起了王导。新亭是晋室南渡后，王公大臣常常登览聚会的地方。

南朝时宋人刘义庆在《世说新语·言语》当中有这样的记载："过江诸人，每至美日，辄相邀新亭，藉卉饮宴。周侯中坐而叹曰：'风景不殊，正自有山河之异。'皆相视流泪。唯王丞相愀然变色曰：'当共戮力王室，克复神州，何至作楚囚相对！'"王导就是这一段记述里的以光复神州为念的良臣王丞相。

而她所处的大环境里，在坚持驻留北方力请高宗还驾汴京以图光复的宗泽忧愤病卒之后，再无良将忠臣。登新亭，念王导，再看这外表光鲜内里伤恸的"荒城"，她不禁发出"南渡衣冠少王导，北来消息欠刘琨"的感慨。

又一回，她出城游走至天色渐晚尚未归家。湿气渐重，寒气渐凝，她见野草离离，恍然忆起那一年被带往漠北的北宋皇帝和深宫弱质女子们。

江南尚且如此寒，遥遥漠北何以堪？百般思虑遥想，终于不忍心酸，吟诗两句："南来尚怯吴江冷，北狩应悲易水寒。"

　　一个寻常女子在历史当中的地位，是卑微的，不足挂齿的。纵使她熠熠有光，终究也不过只是用来点缀男人烦人的功勋，或者背负男人的罪孽。这竟成了旧时代里女子生命最大的价值。三纲五常是生之准则。情意伸展总要曲尽婉转。对国之忧重也不能例外。

　　但是，李清照，她直接、潇洒、明白、求索、超越，在她的生命当中，始终秉承爱之深正的原则，横冲直撞。这也正是她生之传奇的内力所在。

清梦好（临江仙）

庭院深深深几许，云窗雾阁春迟。

为谁憔悴损芳姿。夜来清梦好，应是发南枝。

玉瘦檀轻无限恨，南楼羌管休吹。

浓香吹尽有谁知。暖风迟日也，别到杏花肥。

——李清照《临江仙·梅》

二月。

庭院深深，春日迟迟。她难得安稳入眠，却又恍然忆起，隆冬的某日清晓，她于半梦半醒之间忽见枝头的那一点笑。是那一种淡粉的微光，轻

轻地从角落里溢出来，漫至她的身旁。向阳枝头有梅，辐射予她无以言说
的温暖。

但至此时令，却是须眉已不见。只见它，芳姿损减，气韵折伤。不知
那窗外梅花兀自憔悴为哪般。仿佛这风华正茂与形容消损之间不过只是转
瞬一刹的事情。她觉得它就像是姿容消瘦、面色微白的深闺女子。容光的
红仿佛要在她女儿身下济世无门的俯仰之间消退殆尽。

她是有志女子，岂能安于陋室。无奈时岁蹉跎，如今非是二八年华，
已成四十妇人。她叹慨：南楼羌管休吹。不听《梅花落》，不忍见凋残。
她似乎竭尽所能地想要断绝那些伤痛的妄念。浓香吹尽有谁知。美人迟暮，
英雄潦倒。她知道终有一日，那梅将浓香散尽，无人问津。正如她惴惴于
心的那一点怅惘。

作下这首《临江仙》的这一年，李清照已经四十九岁。李清照的伤痛
绝非简单寻常的"女子善怀"。她只恐这一生就将在这堂里闺中独自扪心，
空有咏絮之才，却别无惊人之处。如此而已。花木兰、梁红玉、红线、穆
桂英、樊梨花。这些女子才是她此刻所歆慕的。

李清照的这一首《临江仙》同前一首一样，都是李清照借欧阳修的词
句做引子所作。她在前一首《临江仙》的并序当中这样写道："欧阳公作《蝶
恋花》，有'深深深几许'之句，予酷爱之，用其语作'庭院深深'数阕，
其声即旧《临江仙》也。"欧阳修的那一首《蝶恋花》之所以让李清照如
此钟爱，借句提词，只因它本身便是珠玉。

庭院深深深几许？杨柳堆烟，帘幕无重数。
玉勒雕鞍游冶处，楼高不见章台路。

雨横风狂三月暮，门掩黄昏，无计留春住。

泪眼问花花不语，乱红飞过秋千去。

欧阳修，字永叔，自号醉翁，晚年号六一居士，谥号文忠，世称欧阳文忠公。吉州吉水（今属江西）人。他与唐韩愈、柳宗元、王安石、"三苏"和曾巩合称"唐宋八大家"。欧阳修创作的诗、词、散文均为一时之冠。

欧阳修其人虽仕途多舛，但这并不妨碍他的内心如山水般清透，于出世入世之间把握好尊严，亦不妨他继续做一个深情厚谊之人，直至正寝寿终。

在这一首《蝶恋花》当中，他要表达的是一个独居女子被男人抛弃之后的怨伤。这一种悲情在他的词当中流淌得十分婉转，却无造作之嫌。

那个女子，被弃离的女子，仿佛就当是这样的景况。花期错落，她开在暮春，他盛于初夏。她于柳丛帘烟当中回忆旧时往事，却始终沉默无语。外人看过去，绝不会知道她内心的波澜涌动。但那一丝丝的迹象却被草木花树看进蕊叶里，任这春光飞过秋千去。此刻，她依然端庄雅致，不掉尊严。

末两句"泪眼问花花不语，乱红飞过秋千去"最得人心。有人凭此二句道："望所欢而不见，感青春之难留，佳人眼中之景，不免变得暗淡萧索。感花摇落而有泪，含泪而问花，花乱落而不语。伤花实则自伤，佳人与落花同一命运。是花是人？物我合一，情景交融，含蕴最为深沉。"说得一点不错。

欧阳修词如其人，流转清澈，雅趣饱满。

难怪李清照对"庭院深深深几许"一句颇为赞爱。因他们之间隐隐有一种一脉相承的通透。对爱，对生命，对家对国。唯一的差别只在于此时的李清照尚有求索的执念，却不明其中如若流水过川要"志满倘来"、顺其自然的道理。

捻余香（诉衷情）

夜来沉醉卸妆迟，梅萼插残枝。

酒醒熏破春睡，梦远不成归。

人悄悄，月依依，翠帘垂。

更挼残蕊，更捻余香，更得些时。

——李清照《诉衷情》

这一夜，她独饮至醉。

销魂缠绵的记忆成为安抚，从脑子里跳脱出来，一再重演。她醉意微醺，卸妆不及，只见头上插戴的梅花花瓣掉落，空有蕊萼残留枝上。这一刻，她看过去宛如一朵凋残的蔷薇花。她不是不知道自己的慵懒憔悴背后的意义。她只是无力时刻在自己的心里反复地提及。她需要给自己的心里保留一块干净潇洒自由挥霍的空地。

后来，酒劲尚未退去，她却被梅香从春睡里熏醒。于此，她竟对这花香产生了怨。只因梦断不能归去，旧乡里重温陈年欢爱。在这生灵涂炭的时候，她对旧人旧事的怀念也就只能指望那一点零碎的梦境了。而他与她之间的那一点儿女情长无完顺之貌似乎也是在理的。

这样想来，她方才能得到一些慰抚。如若不，她在这一处的落寞足以摧毁她内心镀上的膜。这一切，都是他赐予她的隐忧。她起身侧倚栏杆出神凝望。

夜渺渺。帘幕垂在她的视线里。是时明月在，照她云光彩。这一回，她注定又是要彻夜无眠的。他在彼处茫茫的喧嚣里纸醉金迷，她于这依依月下悄悄作"婕妤之叹"。夜漫长，情渺远。挼残蕊，捻余香，得些时。除此之外，她唯有沉默。静由心生。

这首《诉衷情》大约是作于李清照只身去莱州寻赵明诚落定之后。学者刘逸生在《宋词小札》里这样说到这首词：

你看，事情有多么琐屑，而写来却多么细腻，表达的人物感情又何其曲折幽深，耐人寻味。……假如赵明诚读了它，绝不会不受感动的。妻子这一缕细微委婉的柔情，难道会比'帘卷西风，人比黄花瘦'更逊色吗？

当然不会。

那一年。也就是宋徽宗宣和三年。他尚任莱州太守，有新妇佐伴。她以纯白的姿态穿越茫茫的苍黄，落到他的身边。带着突兀并且萧条的斑斓。他被她的突然出现惊到六神无主，草草将她安置在官署后的书房里。猛然之间，她想起深居长信宫中的班婕妤。她被他打入了冷宫。仿佛。

书房是简陋的。寒窗败几，空无所有，甚至无书可读。她对他的失望从这一刻才开始变得隆重。她侧耳闻见郡宴堂里的饮酒作乐声。喧哗声拥堵在她的耳里。这是现今他赐予她的声色残年。

她觉得她几乎要真的失去那个"赌书泼茶"的爱人了。内心的失望、委屈、追索交融杂糅在一起，在她的身体里横冲直撞。后来，她决定作诗遣愁。便赋诗一首，写成了一首《感怀》诗。

寒窗败几无书史，公路可怜合至此。
青州从事孔方兄，终日纷纷喜生事。
作诗谢绝聊闭门，燕寝凝香有佳思。
静中吾乃得至交，乌有先生子虚子。

这首诗有一个小序："宣和辛丑八月十日到莱，独坐一室，平生所见，皆不在目前。几上有《礼韵》，因信手开之，约以所开为韵作诗，偶得'子'字，因以为韵，作感怀诗。"独居陋室，她唯有作诗寄情。她说，你已不是那个韬光养晦的你，而我亦有"乌有""子虚"相伴。至于你与我之间，似乎真的将要被葬送。

如斯情形下，李清照又作了这首《诉衷情》予赵明诚。而赵明诚本质上到底是温善情深的人。因此，他不会不懂得李清照那一些字句里藏着炽烈深久的感情。他能从它的里面看到他们这一生至此共同经历的所有的黑白光阴。那相濡以沫的曾经，是无女可以代替的。

到了宋徽宗宣和四年（1122年）初，李清照和赵明诚的关系终于得到改善。而这一切的旧暖重回都是李清照用诚坦之心一点一点码起来的。她作《感怀》诗，作《诉衷情》词，都只是为了唤回他。

这一切，在这一年终于得到回报。赵明诚开始在公务之暇重新收集金石文物。正是在这一段时期，他搜集到了诸如《后魏郑羲上下碑》、《北齐天柱山铭》等珍贵的金石碑刻。莱州太守的官署书房也得到赵明诚的重新布置，取名"静治堂"。

从家世升降引发的溃伤，到无嗣带来的"无后"之忧，再到这一回年光渐久赵明诚移情导致的爱之嶙峋。至此，他们两人的爱情，经历再三颠簸、折复、受难之后，终于由婆娑入定。

她已为他点上了一颗鲜红的忆痣。像刺青，去不掉。以此宣告他这一生都是她的，任谁也抢不走。

词话五

风住尘香花已尽

残云碧（菩萨蛮）

归鸿声断残云碧，背窗雪落炉烟直。

烛底凤钗明，钗头人胜轻。

角声催晓漏，曙色回牛斗。

春意看花难，西风留旧寒。

——李清照《菩萨蛮》

归鸿声断。

她忽觉这日光消化起来是如此地凄清哽切。举头可见是残云，碧色连天。这辽阔旷远的天，让她只觉一阵仓皇。再回首，见屋外背窗雪落，屋内袅袅炉烟静仁。她目光所及，此时皆是静谧岑寂的苍白色。烛光下，虽凤钗溢彩，但钗头上用彩绸或金箔剪成的人胜却是轻盈落寂。

在她初入这座城的时候，她便已经料到了这一日内心的潦倒。望归鸿而思故里，见碧云而起乡愁。这是她了悟在心的道理。

又闻角声，天色渐明。晓漏残，曙色开。清晨，牛斗星伴随军队里的号角声在天际隐散。斗转星横，天将破晓。她一夜无寐。这一头，她再一次知觉到那料峭春寒，于是心中忽生忧扰，怕是连去赏花的心情也就跟着那夜之静默要消失始尽了。此一刻，她的内心几多曲折。

那"人胜"在《荆楚岁时记》当中被这样记载过："人日（旧历正月初七）剪采为人……又造花胜以相遗。"于立春日戴人胜是宋朝时的民间风俗。并且人日戴人胜亦是一种表达乡思乡愁的传统意象。比如隋朝的薛道衡那一首《人日思归》这样写道："入春才七日，离家已二年。人归落雁后，思发在花前。"

另外，词里从"归鸿"说到"炉烟"，从天宇写至居室，写的是空间当中的转移。而"漏"是指古代的计时器铜壶滴漏。以及从"残云碧"到"凤钗明"再到"曙色回牛斗"的更迭，描述的都是时间的流徙。从寥廓天宇到狭小居室以至枕席之间，从薄暮到深夜，再至天明。她描述了的这一回失眠失语的意境是静谧的、清寡的，并且完整的。

这首词作于作者南渡以后最初的那几年，是一首写乡愁的作品。乡愁，是一种深刻的情愫。它就如同长在人身体里的脏器，会影响到一个人的意志力甚至生命。于陌生的城里，总觉呼吸之间有云雾翻涌。那一种清冷的孤独感是无法弥补的，指望从男人的身上取暖更是毫无意义的。因此当它加于一个女子身上的时候，便更显沉重。

想起来王安石曾作下那一首脍炙人口的《泊船瓜洲》："京口瓜洲一水间，钟山只隔数重山。春风又绿江南岸，明月何时照我还？"

这是一首著名的抒情小诗。它抒发的是诗人眺望江南之后思念家园的感情。那一种感情是动人的、深切的。恰恰如同这一年的这一日，李清照在江宁城里写下这首《菩萨蛮》时眼里心中所蕴藉的感情一样。

只不过王安石的这一首小诗如同一把紫薇软剑，看似不惊人心，却比任何一把利器更具毁亡力。它是那样的直接准确。刺出一剑，便是一剑血。那溶在血里面的就是无以言说的深情厚谊与对家的顾念。

还有元代杂剧家马致远那一首世人称道的《天净沙·秋思》："枯藤老树昏鸦，小桥流水人家，古道西风瘦马。夕阳西下，断肠人在天涯。"枯藤无力，绕老树。黄昏乌鸦，归旧巢。小桥下流水涓涓，人家里声息寥落。古道边，萧瑟西风里是孤独瘦马。夕阳下，羁旅游子尚在天涯。

他知道自己也只是空有"佐国心，拿云手"，时世不济，唯有退隐林泉衔杯击缶对天自叹。自古文人多愁忧，这是马致远、李清照都摆脱不了的宿命。

但这一刻，无论是王安石的《泊船瓜洲》，还是马致远的《天净沙·秋思》，在这里引来于掌心里赏味，都仿佛是为了映照李清照此时的无奈而落魄、苟定而不安、对北方对曾经的大宋朝的那一种念望。

只是，她担当的、背负的孤独和恐惧自然远不止于此。李清照作下这首词时刚来到江宁不久。此时，她已经四十五岁。这样的年纪对一个女人来说，是沉重的，疲惫的，敏感的。

她仿佛就成了：

王安石吟出的那一抹绿，

马致远笔下的断肠人。

春犹早（菩萨蛮）

风柔日薄春犹早，夹衫乍着心情好。

睡起觉微寒，梅花鬓上残。

故乡何处是？忘了除非醉。

沉水卧时烧，香消酒未消。

——李清照《菩萨蛮》

在南方，正值春盛。

风，是轻微温柔的，吹在身上会有一种类似于抚摸的轻雅知觉。日光
也是和煦的。这样的天气应当是有好心情的。于是在这一度春光里，她为

这阳春三月着夹衫的日常琐碎心生欢喜。无奈睡起觉微寒，抬头又见梅花残于鬓发之上。本一心愉悦，到底还是被摧损零落，碾作尘泥，也不见香气。

她突然再一次想起来北方，这一度让她寝食难安的地方。

在如此短暂又久长的时间里折磨着她内心的指望，仿佛要将她弄得遍体鳞伤。时而消隐却又时而乍现，不容得她有一丝的酝酿。忽见明媚又逢阴雨，不知北方是否如初见的模样。是否尚有蚀骨冷风，是否仍挂销魂寒月。她就这样在情绪的颠簸当中度过了初到江宁的这一年。

她又写，自己醉卧时所烧的沉香早已炉灭香消，她依然宿醉未解。值此小楼又东风之时，更觉风景不殊而有山河之异。故乡虽在而河山易主，欲归不能。她是有心的，亦是无奈的。她是悲伤的，亦是自知的。她是安定的，亦是窘困的。她之于这座江宁城，自始至终都只是一个，局外人。

李清照的故国之思忧国之心在她南渡之后的词作里成为一道重要的线索，穿引了她的后半生，而且是带着隐痛的。它存在众多的词作里，包括这一首《菩萨蛮》。至此处，提及一个人，他就是南宋名臣赵鼎。

提及他，不仅因为他在南宋这样混浊残琐的时代里忠义凛然，从生到死。他大有李清照所言"南渡衣冠少王导，北来消息欠刘琨"中的王导刘琨之气。也因为正是这样一个铮铮男儿，曾作下了这一首堪比李清照这首《菩萨蛮》，婉媚又畅达浑然的《满江红》。

惨结秋阳，西风送、霏霏雨湿。
凄望眼、征鸿几字，暮投沙碛。
试问乡关何处是，水云浩荡迷南北。

但一抹、寒青有无中，遥山色。

天涯路，江上客。肠欲断，头应白。

空搔首兴叹，暮年离拆。

须信道消忧除是酒，奈酒行有尽愁无极。

便挽取、长江入尊罍，浇胸臆。

清人况周颐于《〈漱玉词〉笺》里注："俞仲茅云，赵忠简《满江红》'欲待忘忧除是酒'，与易安'忘了除非醉'意同。下句'奈酒行有尽愁无极'。微嫌说尽，岂如'沉水卧时烧，香消酒未消'，亦宕开，亦束住，何等蕴藉。易安自是专家，忠简不以词重云尔。"虽不以词重，却能词出华彩。

赵鼎，字元镇，自号得全居士。解州闻喜（今属山西）人。南渡后，累官至尚书左仆射同中书门下平章事兼枢密使。他曾荐任岳飞、韩世忠等爱国将领，有效地组织了军事力量以抵御金兵。他力阻和议，遭到秦桧等人的打击、陷害。终致迫害死。享年六十二岁。

卒前，自书"身骑箕尾归天上，气作山河壮本朝"。忠义凛然，为人所钦仰。孝宗时，谥忠简。后常被人称作"赵忠简"。

赵忠简的这首《满江红》原有一句小序，标注了此词的写作时间地点："丁未九月南渡，泊舟仪真江口作"。这一年四月，正是金人俘虏宋帝的"靖康之耻"的时间。九月南渡之时，赵忠简作下此词。

他是当局者，也是旁观人。他与李清照拥有相似的心，通透的、正义的、执善的。此时南渡至何处方才算了尚不能得知。他看见自己和这个国一起狼狈地把尊严狠狠摔碎在地上。欲哭无泪。

秋云浓重。秋风凛冽。秋雨萧疏。他放眼长天是凄然。但见鸿雁成群南归逐暖而栖。人不能定乱世，亦无力扭乾坤，且学飞鸿辗转流离，狼狈奔波。只是，鸟尚有归处，人却无家可回。他的羞耻心被截至最深痛处。滋出血来，把他湮没。

他说，"试问乡关何处是，水云浩荡迷南北"。这世界，只有一缕青绿却似有还无。似前程命途，跌跌撞撞无迹可寻。

天涯路，江上客。肠欲断，头应白。空搔首兴叹，暮年离拆。须信道消忧除是酒，奈酒行有尽情无极。便挽取长江入尊罍，浇胸臆。他只是，天涯路上奔命之人，江波水面伶仃过客。

终于沉默。一束希望便如花朵兀自残死于心上，而这不过是刹那俯仰之间的事情。他的疾痛，李清照看得见听得到。

旧家时（南歌子）

天上星河转，人间帘幕垂。

凉生枕簟泪痕滋，起解罗衣聊问夜何其？

翠贴莲蓬小，金销藕叶稀。

旧时天气旧时衣，只有情怀不似旧家时。

——李清照《南歌子》

他已离去。

彻底。决绝。

秋将至，枕簟生凉。独自卧，泪水漫溢。斗转星移，银汉迢迢，人间又过几重天。他每每总以微风、以落花、以绿叶、以土壤、以浮云入她的眼，让她彻夜难眠。悲从中来，不可断绝。至夜，她依旧会想起他。这一种想念成为一道魔障，却又是一种氧。她沉堕其中，苦之疼痛，甘之甜芳。解衣欲睡，却发现已近清晨。天光细微，又暗沉。如同她的心。

旧时锦衣不经意间折射出奢侈的光来，刺了她的眼。衣上的花绣依旧鲜妍，他曾因见她着这花裳流连不已。如今却是花裳仍鲜却已无人流连。而今重见，夜深寂寞之际，不由想起悠悠往事。秋凉天气，如旧。金翠罗衣，如旧。

她亦是旧人，着旧时罗衣。唯有内心"情怀"不似旧家依在时。念罢，她只觉内心悲咽，低眉枕首却再已无语来说。若尚有只言，又能说予谁来听。

这首《南歌子》所作年代不详，大约是在宋建炎三年赵明诚病亡之后的一段时间当中。词意里透露出的身世之感和故国之思是十分强烈的。李清照总能将柔软的语言组合得充满力量。以寻常言语入词，确实字字句句锻炼精巧。虽似平静无波，内中则暗流汹涌。内心思念的情意，不惊不怒，娓娓道来，却感人至深。

时间是经不住把玩的，它于不经意的片羽之间即不见，包括那些深切的情分。这日暮时分，她独自缱绻在自己的记忆当中，那里有一条幽深回廊。她独自穿行其中，做一个盲女，只用手清楚廊壁上浮凹有致的雕文。

那仿佛是他曾经书写下的鸿鹄之志与微光情话。内心的孤绝这一刻因着他的离去被放纵到这世界。她，成了茕茕孑立的独自一人。

她的流落从这一刻起，再无人问津。因这世上最爱的那一个人已不在。她心里尚有一根象牙龙凤雕柱，支撑着茫茫苍穹。那是他曾经在她的身体里植下的，只是她已经说不出情深款款的话来。

她的世界，只有一座石头砌起的荒城。淡薄的情感是鎏金的粉饰。空虚落寞毫无希望的造作生姿。这一些都不是她想要的、所需的。

五月，赵明诚因失节罢守江宁之后，与李清照先后在安徽今芜湖市当涂县一带盘桓游弋，且有在江西赣水之滨定居的打算。但就在距离赵明诚被罢守之后不足百日，朝廷竟再一次诏回赵明诚。

此时，宋高宗暂居江宁城，江宁也已易名为建康。这一次朝廷对赵明诚的重新起用对他来说意味非同寻常。他内心，必有在弃城失节的阴影当中熬度之后重新见光的指望。他不是本质懦弱无能之辈，所以他对这一回重回建康急不可待。

六月，赵明诚奔赴建康。李清照在《〈金石录〉后序》当中，对这一回的分离记叙得细致。

六月十三日，始负担舍舟，坐岸上，葛衣岸巾，精神如虎，目光烂烂射人，望舟中告别。余意甚恶，呼曰："如传闻城中缓急，奈何？"戟手遥应曰："从众。必不得已，先弃辎重，次衣被，次书册卷轴，次古器，独所谓宗器者，可自负抱，与身俱存亡，勿忘之。"遂驰马去。

七月，李清照收到赵明诚的行途当中的家书。第一封，也是最后一封。赵明诚在信中陈述了自己的身体现状。他因劳顿交加，加上暑天炎热，染上疟疾，病倒在建康。李清照虽忧心如焚即刻便动身前往，纵然一夜驶过三百里水路，也依然无力抗命。欢情薄，命途错。尘埃憔悴，生怕黄昏，离思牵萦。

八月十八日。赵明诚一病不起，取笔作下绝命书，遽然离世。这一年，赵明诚四十八岁，李清照四十五岁。

谁念西风独自凉，
萧萧黄叶闭疏窗，
沉思往事立残阳。

被酒莫惊春睡重，
赌书消得泼茶香，
当时只道是寻常。

烟光薄（忆秦娥）

临高阁，乱山平野烟光薄。

烟光薄，栖鸦归后，暮天闻角。

断香残酒情怀恶，西风催衬梧桐落。

梧桐落，又还秋色，又还寂寞。

——李清照《忆秦娥·桐》

　　登高望远。望到的是乱山，望到的是荒野，望到的是薄薄日光。盛世已过，荒草连连。归巢的乌鸦聒噪不休，远军的号角浊重悲壮又藏不起空洞。入眼的是苍凉，入耳的是惆怅。她于萧瑟衰飒的黄昏里，沉吟思旧。

断香残酒情怀恶。温馨往日里，她，也曾燃香品茗，也曾"沉醉不知归路"。而今却是只能以零落的心来面对这"香已断、酒亦残、历历旧事皆杳然"的寂寞。她这一刻迎对的是沉恸、残忍、不堪回首。因回首会带来悲伤，悲伤会将她湮没在暗处。

如若是这样，那便会丢失一条路途，去往静丽的终局。于是，她死死抵挡住那一些情绪，只能徘徊心门之外，不能渗进去荼毒。

有秋风，吹落梧桐。风声、落叶声、叹息声、空气流动过身体时发出的声响，她一一用心抓住。抓住了，便呈到自己的面前，然后给予自己启示。她是能感知到此刻自己的孱弱和疲惫。背井离乡，国破家亡。再一句"又还秋色，又还寂寞"，说给你听的是一种从骨子里泄露出来的孤独。空遗恨，望仙乡，一晌消凝，泪沾襟袖。

李清照南渡之后，递遭家破人亡、沦落异乡、文物遗散、恶意中伤等沉重打击，又目睹了山河破碎、人民离乱等惨痛事实。这一首《忆秦娥》就是她凭吊半壁河山，对死去的亲人和昔日馨暖的生活所发出的祭奠之辞、追忆之词。

此一处，宕开那一些深重暂不去说，只讲这"桐"。李清照于那一端，把视线锁在"桐"之上，与其说有她自己思虑的道理，不如说这是她们之间的缘。想起来那一句"桐花万里路，连朝语不息"，这是《子夜歌》里的句子。它清阔漫漫，只是我初见它时是在胡兰成的《今生今世》里。那一个无气节无骨义无担当的轻薄男子。

桐花。它自有一种朴素的田园气质。放浪山水之间，这是李清照曾经所歆慕的事。她大约也想过，来世要做一株树。一株梧桐。于爱的那一个人面前，开出白色桐花朵朵。席慕容有句话道：

簇簇的白色花朵像一条流动的江河。仿佛世间所有的生命都应约前来，在这刹那里，在透明如醇蜜的阳光下，同时欢呼，同时飞旋，同时幻成无数游离浮动的光点。

桐就是具备这样温柔师常却又惊心的美。只是，这美在这一个秋化成了虚妄的影。而这影中，便是旧时欢情与盛世。桐是柔软的，柔软之处的落寞最易让人心痛。于是它自自然然又漫不经心地便惹起了她心里的愁。而且，它是会说话的。仿佛这一次，它一直在与她对谈。以自己枯朽的姿态，支撑起她尚未损毁的生之意念。

李清照作这首《忆秦娥》之前，便曾有人作下过类似的厚重之作，来伤今怀古。此一刻，他们的情意是相通的，隔着光阴，彼此映照，以凭吊各自内心的孤冢荒岛。他们之间，不能说没有相互的慰藉的。李清照总有某一个闪念的时刻，记起这一个放荡不羁、身清高许的逍遥男子。

箫声咽，秦娥梦断秦楼月。
秦楼月，年年柳色，灞陵伤别。
乐游原上清秋节，咸阳古道音尘绝。
音尘绝，西风残照，汉家陵阙。

这首意境大气深远的伤今怀古词相传出自李白的笔下。前人里有段评说此词的话实为高妙。

首以月下箫声凄咽引起，已见当年繁华梦断不堪回首。次三句，更自月色外，添出柳色，添出别情，将情景融为一片，想见惨淡迷离之概。下片揭响云汉，摹写当年极盛之时与地。而"咸阳古道"一句，骤落千丈，凄动心目。再续"音尘绝"一句，悲感愈深。"西风"八字，只写境界，兴衰之感都寓其中。其气魄之雄伟，实冠今古。

李白的浩荡，终归只是属于李白一个人的。这浩荡之风此端亦是丝毫也无法逊色李清照的温柔担当。因她的温柔里有一种男子没有的绵延不绝的生命力。"问余何适，廓尔忘言。花枝春满，天心月圆。"

终有一日，她将迎来属于她的独一无二无与伦比的生之完满。

落花深（好事近）

风定落花深，帘外拥红堆雪。
长记海棠开后，正伤春时节。

酒阑歌罢玉尊空，青缸暗明灭。
魂梦不堪幽怨，更一声啼鴂。

——李清照《好事近》

暮春。虽风已静定，但落花已深。闺中闺外一片沉寂。她见那红的花、白的花堆叠在窗外，势必是有感慨的。这是她的性情所致。她时常被一种柔软的力量深深吸引。向内挖掘，向下散落。她觉得这暮春的时节似乎注定是裹带着某一种悲伤的意味。

她收住视线，回缓过神来，再一次记起那一年的海棠花。"昨夜雨疏风骤。浓睡不消残酒。试问卷帘人，却道海棠依旧。知否，知否？应是绿肥红瘦。"所谓"一夕东风，海棠花谢"，到底她也只能孤自来面对这一年一飘零行将枯朽的风月，在这"海棠开后"的"伤春时节"。

她依然饮酒，指望为自己寻得一些醉生梦死的温暖幻觉。也唱歌，来把内心的死寂搓揉得活色生香。她对自己的生活还是隐隐充满希望的。只是要想得到新的光，她需要为之付出难以承受之重的努力。纵然她在不遗余力地活，也逃避不了"酒阑歌罢玉尊空"的寥落。

青灯明灭，魂梦不堪幽怨，更一声啼鹃。她内心翻搅，那饱经沧桑的灵魂深处仿佛已经知道了生命的结局：不如归去。

李清照的漱玉词最大的特色就在于，无论情深或义重，她都只用素婉的字句淡淡来说，渐见深情。甚少有剧烈的感情喷发和声嘶力竭的痛苦诉说，亦少有出人意表的夸张措辞。

她就如同精隽安宁的纺织女工，一点一点地牵扯内心的情感丝路。不紧不慢，沉着泰然。纵使那内心激流暗涌，也不露一丝焦切惊惶。轻轻就点破人心。

念君常苦悲，夜夜不能寐。天涯虽近，人在遥远。赵明诚病亡之后，李清照作下这首《好事近》。那一句"死生契阔，与子成说。执子之手，与子偕老"成疯成魔，住进她的灵魂里，再也不得渡。这是她的甘愿。以此余生的沉默来悼念曾经的相合互重与相濡以沫。

雨后晓寒轻，花外早莺啼歇。
愁听隔溪残漏，正一声凄咽。

不堪西望去程赊，离肠万回结。

不似海棠阴下，按《凉州》时节。

此处提及这一首词的原因在于这同样是一首幽闺思妇怀念远人的词作。且它的意境当中所营造出来的是与李清照如出一辙的当下落寞的喟然和对往顾的眷恋、执念。这一首《好事近》词便是出自宋朝的奇女子魏夫人之手。将它引来与李清照的这一首《好事近》对照读，自有一些妙致。

魏夫人，即曾布妻魏氏。襄阳（今湖北襄阳）人。名字及生卒年均不详，生平亦无可考。曾布参与王安石变法，后知枢密院事，为右仆射，魏氏以此封鲁国夫人。其人纪事仅是如此寥寥而已。但是她的才华却是耀目的。

朱熹曾将魏夫人与李清照并提，说"本朝妇人能文者，唯魏夫人及李易安者"。清人陈延焯也说："魏夫人词笔颇有超迈处，虽非易安之敌，亦未易才也。"李清照那一首写梅的《临江仙》便曾被讹传是魏夫人所作。

初春夜雨后，花外莺啼歇，雨声淅沥沥。她写愁听残漏，写男子西离，以及海棠阴下的《凉州曲》。

《凉州曲》本是唐代边塞之乐，闻者便觉声情悲凉。绵绵愁思，万转离肠。如此殇情，不是李清照所能巨细无遗地吐露的。她比李清照更萧然。她就好比南宋那个所嫁非偶终生凄郁的女子朱淑真。朱淑真与李清照曾被誉为"词坛双璧"，也是一名才力华赡的女子。且她们的一生比李清照更专注。就只是，一个男人而已。

也因着这窄的情，所以她们的词意比李清照的漱玉词要逼仄。情爱是柔软的行走。真切动人的她们，是大宋朝的绮丽女子，亦是大宋朝彻骨的断肠人。

她们是爱之征人。生来便注定要被放逐至爱的流刑地里，路途之上，前瞻后顾，都不过只是为了寻得那个男子的踪迹，再沿着它，一点一点、步履蹒跚地完成这一生寂静又漫长的旅行。

一点相思几时绝。凭阑袖拂杨花雪。
若生当相见，亡者会黄泉。

莫分茶（摊破浣溪沙）

病起萧萧两鬓华，卧看残月上窗纱。
豆蔻连梢煎熟水，莫分茶。

枕上诗书闲处好，门前风景雨来佳。
终日向人多蕴藉，木犀花。

——李清照《摊破浣溪沙》

她病了。

纵然这一时是大病初愈，但她的苍老已经俨然成了她的一种气质。萧索，憔悴，凉薄如纸。这样的女子怎能让人平白漠视。她就应该是用来被人爱的。她卧看残月缓缓升上天，却发现照进纱窗纸的是冷光。而对镜照出来的女子也已是鬓上飞霜的老妪。她不是不知道为这残败身躯来心伤来悲凉的，只是她连这一点气力都已难能维持。

病起。

独自起身用连枝带梢的豆蔻煎煮药汁。豆蔻，系药物。性温，味辛，去湿，和胃。豆蔻连枝生，因此有连枝梢说。而"分茶"一词在唐宋时具有特殊含义。常时饮用之茶是将姜、盐放置于茶内一齐煎煮而成，"分茶"则是专指不放置姜与盐的清茶。姜性辛辣，可驱寒、和胃。药效似豆蔻。于是她说"莫分茶"。

她的凄凉在这里才变成某一种程度上的昭告。她仿佛是无人问津的，是孤野的。如果这时候，能有人陪她"赌书泼茶"，怕是让她赴汤蹈火，她也是心里甘愿的。

她依然是要读书的。情有分合，爱有聚散。但人生当中总有一些事情是始终不能离弃的。之于李清照，读书就是这样的事情。门前风景雨来佳，此一时的她唯能从那水木清华里汲取了安乐。她到底是个清净善美的女子，容易静下心来。

末句她说，"终日向人多酝藉，木犀花"。形写月桂，实则自喻。这月桂之清幽犹如李清照之蕴藉，是这个奇女子独有的风流。俞平伯论此词时说，"说月又说雨，总非一日的事情"，纵然大病，亦是"病后光景恰好"。

这首《摊破浣溪沙》作于宋高宗绍兴二年（1132 年），此时李清照四十八岁，赵明诚已经逝世三年。李清照在赵明诚病逝后的三年当中却是曾经大病一场。

因赵明诚亡前对李清照与一切家事无任何安排，所以李清照只能在丈夫去世之后做最短暂的调养。她需要将更多的时间用来担当起独自生活的重量，包括手里剩下的与丈夫毕生收藏下的那一些文物。

当年，赵明诚亡时，她拥有的文物资产尚未受损，有"书二万卷，金石刻，二千卷，器皿，茵褥，可待百客"。此时，金兵正长驱直入，涌向长江边。她必须在长江禁渡之前渡过江去，保障自己的生命财产的安全。丧夫亡家、心力交瘁以及劳顿交加之下，李清照终于病下。并埋下隐疾，长期遭受病痛的折磨。

正因为如此，李清照方才于某一日获得际遇作下这一首《摊破浣溪沙》，纵然她为之付出的代价是长久的痛苦、疲惫和忍耐。

一名女子在四十五的年纪开始独居，然后颠沛流离。到四十八岁的时候，依旧在路上。这样的跌宕非是一般人所能承受之重。这是一种磨难，需要的不只有粗蛮的气力，最重要的是还需要有强大的内心来支撑这潦倒的生。她必须对自己的存在负责。

李清照对这一点是有准确并且严肃的认识的，否则她不会病重之时，面对"玉壶颁金"的事毅然做出最宁静却是最彻底的回应。关于"玉壶颁金"的事情，李清照在《〈金石录〉后序》里有这样一段记载：

先侯疾亟时，有张飞卿学士，携玉壶过视侯，便携去，其实珉也。不知何人传道，遂妄言有颁金之语，或传亦有密论列者。余大惶怖，不敢言，亦不敢遂已，尽将家中所有铜器等物，欲赴外廷投进。

这一段说的大致内容是，在赵明诚病势已重的时候，有名为张飞卿的学士，曾拿着一把自认为是玉壶的器皿来探望赵明诚。

因赵明诚是金石碑刻的赏鉴专家，所以，他把拿此物给赵明诚看一看这把玉壶有何来历价值。但经赵明诚品鉴之后发现，此物非是玉壶，不过只是一把珉壶。珉，即类似玉的石头。也就是说这是一把寻常的玉石壶，而不是贵重的玉壶。后来，张飞卿便带着这把壶悻悻地离去了。

但时隔不久，在赵明诚病逝后，李清照开始听到关于"玉壶颁金"的传闻。传闻说有人暗中禀奏皇上，说赵明诚将文物颁布给了金人。这是非同儿戏的卖国通敌之罪。于是李清照在内心十分惶怖的情形下带上家中古器进献给了朝廷，以此明志，证明先夫的清白。

李清照此时的做法非是欠缺气节的懦弱之举。这一行动必是经过这个智慧女子深思熟虑之后方才决定的。赵明诚尸骨未寒，此时这一"玉壶颁金"的事件，她若不能妥当处理，必将给赵李两个家族带来又一次沉痛的灾难。

所以说，这女子此一刻看过去依旧是气概的、刚毅的、炽烈的，始终像一株植根年久却璀然始终的花树。

却无情（摊破浣溪沙）

揉破黄金万点轻，剪成碧玉叶层层。

风度精神如彦辅，太鲜明。

梅蕊重重何俗甚，丁香千结苦麤生。

熏透愁人千里梦，却无情。

——李清照《摊破浣溪沙》

它是无与伦比的。她总觉得纵使将之比作黄金，亦是不够准确的。黄色小花轻盈曼妙，不似金样沉重，它只是看上去像黄金一般的灿然，似万点耀眼金花。但又是那一种稍显暗沉的黄，沉沉稳稳的，一点也不张扬。

又见那剪出重重叠叠的千层翠叶，碧透如玉。风雅蕴藉如彦辅。这清香流溢、追魂十里的月中丹桂，是没有别花可堪比拟的。

她的眉眼被月桂绊住。也不是绊住，那是她们之间本便存在的羁绊。这一种缘甚至重于她与旁的所有的植物。她这一刻单单只是一名月桂仕女。她甘愿这样做，以此，她才能得到一种内心和煦的满足。于是，重重的梅蕊也被她觉出繁衍与累赘，簇结的丁香，在她看过去亦是有一些粗生之相的。

她是有愁的。家愁，国愁，万般愁入心涂炭。她在时隐时现的愁念里憔悴阑珊，在这隐没的时刻，她再一次清醒过来，那一些汹涌的情绪扑面而来。仿佛她是被那月桂的浓郁之香所沁醒熏透。她开始说嗔怨花香的话，带着一颗人花两相怜的心。单薄的稚气里是厚重的伤感。

词里引了"彦辅"的典故。彦辅，是西晋南阳人，名乐广。彦辅是他的表字。因其官至尚书令，故又史称"乐令"。据史传记载：彦辅的为人"神姿朗彻""性冲约""寡嗜欲"，被时人誉为"此人之水镜也，见之莹然，若披云雾而青天也"。他雅量高致、气度不凡、倜傥非常。西晋末年他被后人称为"中朝名士"。

李清照对彦辅的崇敬不是突兀得没有道理。南北宋交替的乱世之于李清照，如同西晋末年之于彦辅。正如学者韩秋白所说，彦辅能在"世道多虞，朝章紊乱"之际，做到"清己中立，任诚保素"，无疑这正是身处季世的李清照所遵奉的做人标准。若此，李清照将桂比人、将人拟桂，便在情理之中了。

这一首词，如同李清照其他所有的词，自有一种独特的气质所在。情思绵邈，冷峭绝伦。浅显中有深意，带出无限萧瑟惆怅。如同与世隔绝的百花深谷里孤绝独居的少女，流露出来的是一种自内而外的忧郁气质。虽是黯然的，却是迷人的，甚至是销魂的。

并且李清照的忧郁仿佛是有形状的，就是纳兰性德在那一首《山花子》里细致地描摹出来的那一种形状。

> 风絮飘残已化萍，泥莲刚倩藕丝萦。
> 珍重别拈香一瓣，记前生。
>
> 人到情多情转薄，而今真个悔多情。
> 又到断肠回首处，泪偷零。

人到情多情转薄。这薄，非是感情在时日久长当中被洗白冲淡。而是转向，向内发生，渐行渐静默。最后，就如同风抚花香后的沉稳淡定、波澜不惊。爱到最后是连你也已经看不到那极致的爱。这就是纳兰容若爱的姿势。令人心碎，孤独至死。

只是有一点，他做到了，但没有做好。他给了自己去念想的退路。这就是罪魁祸首。于是，他终于说，"而今真个悔多情。又到断肠回首处，泪偷零。"那爱之悲伤连同爱之喜悦一起向内长进灵魂了。成了暗伤，会隐隐作痛的那一种。

就像李清照此时面对这熟稔的浓郁桂香，她根本已经没有更多余的气力来自制与掌控。这当然不是她的错，她从来没有疏忽，从来都没有不遗余力。只不过她的刻意冷漠始终抵不过那一些风化了的缠绵。旧的事，就像熹微的烛火。明明灭灭复明灭，不被预知。是的，李清照，她依然是有忧愁的。

纳兰容若的感情与李清照的区别只在于，这个细腻敏感的男子一生雍容，他的感情比李清照的单调。

他，有高贵煊赫的家族，有亨通平顺的仕途，有肝胆相照的兄弟，有至死不渝的爱情，有鲜妍遍地的才华。他的忧伤只在那一点生之罅隙当中的细小瑕疵之上。这一个男人似乎天生过分的幽腻缠绵了，所以他是不够担当的。

至少，远远比不上大宋朝这个叫作李清照的女子。

泪先流（武陵春）

风住尘香花已尽，日晚倦梳头。
物是人非事事休，欲语泪先流。

闻说双溪春尚好，也拟泛轻舟。
只恐双溪舴艋舟，载不动许多愁。

——李清照《武陵春》

　　她总是在幽婉的情致里得到契机，来睹物填词。这一年的五月，她来到金华。是来避难。正值暮春时节，是一个充满凋零萧索落寞感的时令。像她这样敏感的女子，不可能没有任何的知觉。她总会因着外界的环境际遇生长出凶猛如潮水的情绪。

春风寥寞，旧花零落，陈香式微。她已无心梳妆打扮，否则，又将给予谁看。花开复花落，年年是一般的景况。盛而衰，衰而败，败又复盛。景物尚如旧，人情不似初。

当他已不再，她只剩下太平盛世邦国昌盛的指望，寄希望于大山大河之中，以此获得深刻慰藉。但，举目是疮痍。她有话说予你听，却欲言又止，而泪先下。若"声泪俱下"说的是悲苦入心，那么李清照"欲语泪先流"就是毫无迂回的哀绝了。

写到此处，再宕开。她依然不习惯将一种情绪缱绻不休止地延续到影响自己智慧的地步。说愁，是她为自己筑出的一条出路，需要有出口散出那一些瘴气。但又戛然止住，是她为自己保留的爱之蓄势。在她死去之前，她都要将自己在人潮里的戏份演绎足，足够到充分并且完满。

所以，她陡转意念，说起双溪春尚好，说要去戏水泛舟。也许事事都有转机，只要尽心尽意地用力，是有可能变好的。去双溪，她就是为了用游乐的欢喜来消抵自己无力的愁意。纵然如此，她尚有一丝挂虑，不能确定，这一趟即将的出行是否能称心称意。担心自己那深重繁赘之忧难能轻易散得去。

李清照的词情多流于伤感，如暮春晚风旧花。这首《武陵春》是她于宋高宗绍兴五年（1135年）避乱金华时所作。此时，她已经五十一岁，历尽乱离之苦。

宋高宗建炎元年（1127年），北宋败亡后，李清照南渡，此时屏居十年的青州已沦入金人之手，她家中所藏大批文物书籍亦被焚毁。建炎三年

（1129 年），赵明诚病故。金兵南侵，李清照为避兵乱，流亡各处，所携文物渐失。绍兴五年（1135 年），她流离至金华，作下这首《武陵春》词。

清人陈廷焯在《白雨斋词话》当中记到这首词有一段令人注目的话："易安《武陵春》后半阕云：'闻说双溪春尚好，也拟泛轻舟，只恐双溪舴艋舟，载不动、许多愁。'又凄婉，又劲直。观此，益信易安无再适张汝舟事。"

在这段话里，有一个名字应该被拎出来审望。张汝舟，这三个字，就如同一块丑陋胎印，长进了李清照的私人史当中，去不掉。这个象征着李清照生命当中最大耻辱的下作男人，他轻薄、粗陋、卑鄙、无耻。有一种人，是属于必须敬而远之的那一类。张汝舟就是这样的人。

《论语·阳货》有句曰："唯女子与小人为难养也，近之则不孙，远之则怨。"关于女子一论尚有争议，我也难能苟同。但小人一说，却是讲得一言蔽之准确无误的。亲近他，他定要不尊重你；疏远他，他势必会怨恨你。

但是李清照过于心慈，听信了他"如簧之说，惑兹似锦之言"。赵明诚逝世三年之后，李清照飘蓬寻根、急不暇择，再嫁张汝舟。当时的张汝舟时任右奉承郎监诸军审计司。他虽官职不高，但理应具备照顾好李清照的能力。只是，仅三个月的时间，李清照便看透了此人的恶性。那一刻，她沁入血骨的深悔定是偾张的，几近灭顶的。

张汝舟出现的时机是在李清照重病不起、"牛蚁不分"的时候。这个时机对他而言，恰到好处。他百般殷勤，费尽心机，从李清照的弟弟李迒之处为自己打开进入李清照生活的通道。那时候，他依然"衣冠楚楚"，伪善的嘴脸被掩饰得没有丝毫破绽。

李远不会知道他爱的不是他的姐姐，不是这个才情撼世的女子，只是他不经意间在人群里听来的李清照身边价值连城的金石文物。这是悲剧的序曲。张汝舟当初接近李清照，便是目的明确的。他要得到她所有的文物。照顾体弱的李清照是假，骗取文物是真。隐晦的丑陋在他的皮肤之下横冲直撞。

可是他殊不知，那时的李清照，手里的文物历经磨难再三损失，已经所剩寥寥。于是，当他知道李清照手里的文物只剩寥寥并且他丝毫不被赋予接近的机会时，当他意识到自己迎娶李清照过门之后却只能一无所得的时候，他再无须戴伪善的面具，立即就露出了本来的狰狞，放出了身体里的豺狼。

在"贞女不事二夫"的旧时代，李清照婚变事件之后其名声受到严重的毁损，幸有官居三品的翰林学士綦崇礼的出手援助，李清照方能避开更多的灾难。

在李清照给綦崇礼的答谢信《投翰林学士綦崇礼启》当中，她明确地数落了张汝舟的恶行："遂肆侵凌，日加殴击，可念刘伶之肋，难胜石勒之拳。"正因此，李清照说："视听才分，实难共处，忍以桑榆之晚节，配兹驵侩之下才。"

如斯情形之下，李清照决然离异，并且为此甘愿承受旧时所谓"地告天"的犯上行径入狱两年。庆幸的是，最终因张汝舟舞弊买官被流放到柳州编管，两人婚姻关系自动解除，李清照入狱九日即被释放，免去了更多的牢狱之灾。于此，这一段羞耻难事告终。

人无完人，事无完事。而张汝舟便是李清照一生的光阴里最大的羞耻。仿佛是上苍觊觎着那一个毁亡她的时机。仿佛她与赵明诚那惊绝世人的半生缘被芸芸众生那人性里的窄仄所嫉妒所诅咒。我只是一个后人，一个旁人，一个后世的旁人。

这一刻，心里的怜惜与遗憾却是如此猛烈，仿佛要用这些违心的话才能熨平那一些因这一些残缺往事而生长出的褶皱。

作下这首《武陵春》时，如陈廷焯所言，李清照大约已经过了那一道肮脏的坎儿。李清照的利落与矜决在张汝舟事件当中体现得淋漓尽致。她的勇气，自有一种天地绝伦的气概。她看上去就像一名巾帼英雄。是理应被旧时女子所膜拜的。

她太透彻。她太聪敏。
她太清醒。她太残酷。

她就是一名无与伦比的战士。

词话六

藤床纸帐朝眠起

客来吵（转调满庭芳）

芳草池塘，绿阴庭院，晚晴寒透窗纱。

玉钩金锁，管是客来吵。

寂寞尊前席上，唯愁海角天涯。

能留否，酴醾落尽，犹赖有梨花。

当年曾胜赏，生香熏袖，活火分茶。

极目犹龙骄马，流水轻车。

不怕风狂雨骤，恰才称，煮酒残花。

如今也，不成怀抱，得似旧时那？

——李清照《转调满庭芳》

芳草碧色连连。

池塘微波荡漾。

庭院幽深静寂。

树木葱茏绿郁。

暮色之下，她能感觉到一丝轻渺但有力的寒气，满满裹挟了夕阳余晖穿透进堂前。依然是春。类似的春，却又有着不寻常的区别。这一点她是十分清楚的。

忽闻敲门声阵阵，她知道是有客人来了。这应当是好事，也确是如此。独处时间不能太久，否则对于一个人没有好处。人是需要有适当交流的动物。这是人的本性决定的，在交流与沟通当中会感知到爱。人的存在必须有爱。李清照这样的女子尤其是。

于是，这一刻，她的内心便不自觉地要生出了新的惶恐。天下没有不散的宴席。宴席散去，她将迎对的是更为空寥的时间。

她知道。都是留不住的，就像那春意阑珊时，荼蘼落尽的花。情花无差。今朝把酒言欢，明日又是海角天涯。

曾经，她也有生香熏袖、活火分茶、纵情玩赏的美好时光。无奈物是人非，今昔两相背离。再无犹龙骄马，亦无流水轻车。那不惧风狂雨骤的恣肆飒爽，与喜对煮酒残花的清落欢悦，如今只是风化在记忆当中成为不见生姿愈加苍白的暗史。一切皆已散尽，不复得。又是一句：旧时天气旧时衣，只有情怀，不似旧家时。

这首词里处处充满了这个女子的沦落之苦和故国之思。那一种抚今忆昔的哀苦是明目张胆的。昔日的热闹，今时的寂寥。

纵然她依旧完好地持守着只属于她的那一种气场，但她的身体、灵魂里在长久的磨难当中已经兀自生长出另一种坚硬的气场。那是一种类似男儿骨的豪气。她曾于南渡之初作下一首气冠山河的绝唱诗作《夏日绝句》。

生当作人杰，死亦为鬼雄。

至今思项羽，不肯过江东。

活着的当做人中的豪杰，死了也应是鬼中的英雄。人们到现在还思念项羽，只因他不肯偷生回江东。纵使磨难千回百折，她人生的价值取向亦是始终不曾易质的。活着就要做人中的豪杰，为国家建功立业；死也要为国捐躯，成为鬼中的英雄。纵然她不能奔赴沙场，但至少她懂得操持一种内力，那是一种甚至比剑戟更有力的东西。是意志。

短短二十字的小诗，连用三个典故，确实丝毫无堆砌之弊，亦无累赘之感。字字慷慨雄健、掷地有声。

"人杰"一词来自于汉高祖，汉高祖刘邦立国后，曾称开国功臣张良、萧何、韩信是"人杰"。"鬼雄"是屈原《国殇》当中的词，出自那一句"身既死兮神以灵，魂魄毅兮为鬼雄"。以及那"不肯过江东"的项羽。

公元前202年，垓下一战，虞姬自刎，将士垂泪，霸王悲歌。汉王刘邦和项羽争夺天下，项羽被刘邦困于垓下。后楚霸王听闻四面楚歌，以为楚地尽失。见大势已去，携虞姬突围至乌江（在今安徽和县），自刎而死。

项羽唱："力拔山兮气盖世，时不利兮骓不逝。骓不逝兮可奈何，虞兮虞兮奈若何！"虞姬和："汉兵已略地，四方楚歌声。大王意气尽，贱妾何聊生！"虽然顶天的事到此亦只是凭艳绝古今的情来断绝，但楚霸王胸膛里那一股义薄云天的气力早已凝成一把利戟，横飞天外，刺穿了历史的浮表，刺进了刘邦的灵魂里。

而李清照这样的女子，若是能在有生之年遇到如同项羽这般赤勇磊落的英雄男子，她势必也是甘愿为之赴死的。但她不得，因做虞姬是需要福分的，连同她的死。

爱比死更冷，死却让爱温热。
并且是最为浓烈恒久的那一种。

无好意（清平乐）

年年雪里，常插梅花醉。

挼尽梅花无好意，赢得满衣清泪。

今年海角天涯，萧萧两鬓生华。

看取晚来风势，故应难看梅花。

——李清照《清平乐》

北方的大雪是纯粹绵重的。

它一场一场下下来，世界就会变成冷酷尽头。苍白色入目，就像是荼毒。于是，整个冬里，梅是她眼目中唯一的美丽。她对它是珍惜甚至是敬重的。她记得居于北方的时候自己年纪尚轻，对梅的偏爱也成了一直以来未曾更改的兴致。雪里梅开，插梅而醉，春将降临。

但是这一刻，都不再一样了。南方的冬日里是糯腻、潮湿、肮脏的。她行走在南方的城池里，始终都是带着路人的姿态。她从未融入进去，是与生俱来的念旧的人，心中的飘零之感依然是有的。此刻，饮不能浇愁，按尽梅花也无好意绪，只赢得清泪如许。

她知道，这一年的自己，已经真的老了。老，是一个多么面目可怖的字眼。它充满对时光的敌意，充满了落魄的归属感。她一生蹉跎至此，爱与不爱，早已是人间天上、海角天涯。昔年无意绪，而今又是，尚未踏雪寻梅，就已从晚来风势中预感得知连赏梅之事的艰难。如此事事，她心底是有唏嘘的。

这首《清平乐》词意含蓄蕴藉，感情悲切哀婉。她以赏梅寄寓自己的今苦之感和永国之忧，感慨虽深沉，字句却自始至终都是清淡平和。当她历经时间的洗练，也渐次洞明了一些人生当中素朴的道理。这是一个人老去的所得。纵然有"我是人间惆怅客，知君何事泪纵横。断肠声里忆平生"的感喟，也将只是清淡而过。最终，只会有沉默。

> 粉堕百花洲，香残燕子楼。一团团逐对成逑。
> 飘泊亦如人命薄：空缱绻，说风流。
>
> 草木也知愁，韶华竟白头！叹今生谁舍谁收？
> 嫁与东风春不管：凭尔去，忍淹留。

这是《红楼梦》里林黛玉的《唐多令》词。当读到李清照的暮年喟叹渐次静默之时，便不由自主想起来林黛玉的这首词。尤其是那一句"飘泊亦如人命薄：空缱绻，说风流"。写得那生之空洞和清苦触目惊心。

但李清照的生命是有颜色的，是颜色不一样的烟火。有一种喧嚣，又有一种静默。有一种繁盛，又有一种清落。有一种哀苦，却仍旧充满甘饴的味道。

她只是在年老的时候，内心有一些返璞归真的清澈和缠绵。在旧事的记忆当中颠簸出尘，然后一笑置之，似乎在这首《清平乐》当中已经隐隐可以察觉出这样的利落了。依然有叹息，却已经不再浊重。是轻盈的洁净的回首和触抚。

李清照作出的这首《清平乐》，是气息沉稳闲定的。她于那一年的冬末，作了一回心绪微澜却真正气定神闲的讲述。将生平里的劫难、离散、获得与失去，一一摊开来笑忘。这让人想起来于又一年的仲春来凭吊旧时的李后主。

别来春半，触目柔肠断。
砌下落梅如雪乱，拂了一身还满。

雁来音信无凭，路遥归梦难成。
离恨恰如春草，更行更远还生。

这首词据说是后主乾德四年（966年），其弟从善入宋久不得归，因思念而作。其中的凄离苦恨是汹涌的。这一时的李煜尚年轻，需要汲取并消融太多的情意。内心依然是脆弱空荡的，于是情感便因浓烈而显得仓促。不如李清照的安宁、静和。

李煜跟李清照并无什么可比性。只是在这一处写及这一首《清平乐》，难免记忆起李后主的哀情。他只是一个生错了人家的可怜男子，被强加了太多的不甘愿，自然不能如李清照这般清透如流水。纵然时间颠沛，李清照大约也还是会偶尔记起彼此那些沉堕在时光里的美。

无佳思（孤雁儿）

世人作梅词，下笔便俗；予试作一篇，乃知前言不妄耳。

藤床纸帐朝眠起。说不尽、无佳思。
沉香断续玉炉寒，伴我情怀如水。
笛声三弄，梅心惊破，多少游春意。

小风疏雨萧萧地。又催下、千行泪。
吹箫人去玉楼空，肠断与谁同倚？
一枝折得，人间天上，没个人堪寄。

——李清照《孤雁儿》并序

江南，有一种无以拟说的意境。风雨缠绵的那一种娇怯当中自有一种与生俱来的忧伤。那一种感情是能引人落泪的。太清婉。若是遇上性子柔软的人，那势必会有一场伤感的仪式。比如她这样情意绵重的女子。

她缓缓地从藤床里坐起，再轻轻伸出手将纸帐的帘掀开。这一举手一低眉里尽是落落遍地的如清水如云锦如月光的思念与情愿，是说不尽的情思。情思之处是孤影独自的无人怜悯。这方寸之地里唯有断续的沉香与寒净的玉炉相伴。她是孤独的，并且这孤独纯粹又深刻。

远处有箫声传来，是《梅花落》的曲，哀婉沉痛，如同悼亡的乐。闻者悲伤，听者哀绝。其实她此刻的伤感，并不是她的内核不够强大，只是她曾经的爱过于猛烈、勇壮。

她是一个透彻的女子，明白个中道理，对自己也不逼迫。感情流露也是自然，不刻意遏制或者放纵。纵然如此，她依旧怕那梅心惊破，春恨无限意绵绵，一起惹上枝头。

窗外开始有风雨，绵密细腻，潇潇冷冷。她这样的敏弱，一不小心就被催下泪。烛火摇曳，她再一叹，更显凄凉。他早已不在，就如那吹箫人，人去凤楼空。他是她的萧史，她亦是他的弄玉。只是此一刻，天地两相隔，了无欢喜。折一枝梅，望那床前明月光，却已是没个人堪寄。

这首《孤雁儿》词有一个小序："世人作梅词，下笔便俗；予试作一篇，乃知前言不妄耳。"虽明为咏梅词，暗为悼亡。将它当成一阕悼亡词来读，能觉出的情意会更纯粹更有韧性。

词调原名《御街行》，后变格为《孤雁儿》，专写别离悼亡的切肤之痛。李清照入词《孤雁儿》，入得妥帖入得了心里去。词是好词自不用说。它化用典故宛若己出，咏梅悼亡更是浑然一体，且口语入词素净雅致。

词中提及两件十分迷人的古家具：藤床、纸帐。藤床，就是藤制的床。明人高濂曾于《遵生八笺》作下了一些相关的精短记载。他说藤床是"藤制，上有倚圈靠背，后有活动撑脚，便于调节高低"。

而"纸帐"又被称作"梅花纸帐"。宋人林洪在《山家清事》记载到"梅花纸帐"时说："法用独床，旁植四黑漆柱，各挂以半锡瓶，插梅数枝。后设黑漆板，约二尺，自地及顶，欲靠以清坐。左右设横木一，可挂衣。角安斑竹书贮一、藏书三四，挂白尘一。上作大方目顶，用细白楮衾作帐罩之。"

那时南迁年久，赵明诚病故也不是二三日。李清照从凄楚当中获得启示，隐藏在灵魂里助她通明，让人不能不感动。当年，赵明诚亡故的时候，李清照曾提笔写下"白日正中，叹庞翁之机捷；坚城自堕，怜杞妇之悲深"的句子。

这一句"白日正中，叹庞翁之机捷；坚城自堕，怜杞妇之悲深"出自李清照当年为赵明诚写下的一篇叫作《祭赵湖州文》的祭文。全文如今已经散佚失传，单单剩这二句。这对残句，对偶精练、用典工巧。

白日正中，它说的是唐时著名的禅士庞蕴入灭的事情。相传庞蕴入灭之前令其女灵照出门观日。后灵照回复庞蕴说，白日正中，略有侵蚀。待庞蕴出门一看究竟之时，其女趁机坐到庞蕴的化座上合掌化灭。

李清照引此典，是要表达一种沉恸。他笑赞先夫机敏若灵照，懂得走于自己的前面。爱到深处是会有这样的感慨的。总是希望自己死于爱人之前，这样便能免去失爱之苦。那一种惨痛是任何人都不愿去迎对的。这一种自私人人都有，并且它看上去是那么美、那么伤，让人痴迷沉堕。所以，赵明诚，他是幸运的。

而"坚城自堕"说的是春秋时齐国攻打莒国，齐国大夫杞梁战死，其夫人闻说之后歇斯底里地痛哭，闻者悲伤。后来听说因其哭声哀绝，莒城因此崩塌。这就是"孟姜女哭倒长城"之典故的雏形。

赵明诚之于宋，犹如杞梁之于齐，都是国之栋梁。李清照是赵明诚的夫人，正如杞梁夫人与杞梁的关系。所以，李清照于此处再引此典即是说，当赵明诚病故，自己内心的哀恸绝对不会比杞梁夫人少。

她凝练在这二十字当中的感情不是涓涓细流，要的亦不是长漫，而是滔滔河流，是蓝色大海。她对他所有的爱全都聚到这"杞妇之悲深"当中。悲伤沉入大海，变成海浪波涛，在她的生命里汹涌而过。

她向世人宣告：
曾有一个人，爱她如生命。

祝千龄（长寿乐）

微寒应候，望日边，六叶阶蓂初秀。

爱景欲挂扶桑，漏残银箭，杓回摇斗。

庆高闳此际，掌上一颗明珠剖。

有令容淑质，归逢佳偶。

到如今，昼锦满堂贵胄。

荣耀，文步紫禁，——金章绿绶。

更值棠棣连阴，虎符熊轼，夹河分守。

况青云咫尺，朝暮重入承明后。

看彩衣争献，兰羞玉酎。

祝千龄，借指松椿比寿。

——李清照《长寿乐·南昌生日》

她说。

您出生时，值正月，蓂荚新叶六枚，是月之初六。有冬日之光挂上扶桑树端，尽显尊贵恩慈。时春日亦将至，正如您即将开始的风华之生。您出生高门，犹如明珠。后来，您渐次寻得生命里的美。您有令容淑质，又归逢佳偶。到如今，已经锦华满室、儿孙满堂。这一路看过去，光芒熠熠。此生的美，是上天赐予您的荣光，亦是您赐予后世的福祉。

她又说。

您的后世是栋梁，带给了家族无限荣耀。通晓文史的儿子居要官、步紫禁。兄弟之间更可同朝照应得到惠顾。他们就如同虎符熊轼，夹守两郡，功不可量。如此，他们自然将会得到皇帝更多的青睐。甚许，朝暮之间便可青云直上。纵然如此，那时他们定然依如此时，着彩衣，为您庆生祝寿。

末了，她对她说了最后的祝词。

她说，美酒佳肴祝千龄，愿您能与松椿比寿。这一些话是深情的，专注的，诚坦的，尊敬的，孝顺的，感恩的。她对赵明诚之母心里的敬重不言而喻，而这也是理所应当的事情。

宣和四年（1122 年）正月初六，是赵明诚母亲郭氏的八十大寿。这一首《长寿乐·南昌生日》大约就是李清照用来作为贺礼献给赵老夫人的。整首词比喻妥帖，生动饱满。从首句到末句，用典自然，信手拈来，如探囊取物。这使得它与一般的善颂善祷、应世随俗的祝寿词显得有区别。有几处典是十分有趣的。

比如"六叶阶蓂初秀"中的"阶蓂"是古代传说中的一种瑞草。东汉时的文经学著作《白虎通·封禅》里记载："蓂荚者，树名也，月一日一荚。生十五日毕，至十六日一荚去。故夹阶而生，以明日月也。"因此古人常以荚数的多少来判断时日。"六叶阶蓂初秀"的意思就是说赵母生辰日是在月之初六。

"杓回摇斗"里的"杓"指的是"斗杓"，它是古代对北斗七星柄部的三颗星，即玉衡（北斗五）、开阳（北斗六）和摇光（北斗七）的称呼。春分日，斗柄正指向东方，是春季时令的始端标志。"杓回摇斗"说的就是斗柄东回，即意味着春天将至。它亦是用来形容当年赵母出生时令的光景。

"紫禁"一词大约是众所周知的。它说的是皇帝的居处，所以古人称皇帝的宫禁为紫禁。《文选·谢庄〈宋孝武宣贵妃诔〉》："掩彩瑶光，收华紫禁。"李善注："王者之宫，以象紫微，故谓宫中为紫禁。"

唐诗人戴叔伦的《宫词》便有"紫禁迢迢宫漏鸣，夜深无语独含情"的句子。所谓"文步紫禁"说的就是赵明诚的兄长赵思成和赵家的两个女婿，即傅察、李擢二人，都已官居天子近臣。

以及"松椿比寿"里的"松椿"，它指代的便是松树与椿树。《诗·小雅·天保》里有"如松柏之茂"的祝词，《庄子·逍遥游》里有"楚之南有冥灵者，以五百岁为春，五百岁为秋；上古有大椿者，以八千岁为春，八千岁为秋"的句子，它所说的大椿即是椿树，以大椿比岁也成为传统。

此意象也多次出现在唐宋文豪的作品当中。贾岛的《灵准上人院》诗有"掩扉当太白，腊数等松椿"的句子，晏殊《拂霓裳》词有"今朝祝寿，祝寿数，比松椿"的祝词，张孝祥的《水调歌头·为方务德侍郎寿》词里亦有"十州老稚，都向今日祝松椿"的话。

赵明诚之母郭氏，她是这个赵家家族里的核。她是举足轻重的。这位年老的女子在这个家族当中犹如顶梁柱，尤其是在其父赵挺之病故之后。

当年，赵挺之去世之后，赵家三兄弟遭到赵挺之生前政敌蔡京的迫害，身陷囹圄。正是赵母的竭力，才使得赵家三兄弟出狱之后又复官，而且赵挺之也继而得到了宋徽宗赐予的公正谥号。

这样的一个刚强女子，就如同一朵开在岩石里的坚烈的花，身体里带着岩羊似的生命之光。她的光在赵家子女的心中是不会伴随着生命的沧桑消堕而衰微的。

知几许（永遇乐）

落日熔金，暮云合璧，人在何处？

染柳烟浓，吹梅笛怨，春意知几许？

元宵佳节，融和天气，次第岂无风雨？

来相召，香车宝马，谢他酒朋诗侣。

中州盛日，闺门多暇，记得偏重三五。

铺翠冠儿、捻金雪柳，簇带争济楚。

如今憔悴，风鬟霜鬓，怕见夜间出去。

不如向，帘儿底下，听人笑语。

——李清照《永遇乐》

日已暮，见那落日金光璀然，如同熔化的金水，氤氲过半边天幕。暮云呈现深绿色，翠意连连，恍如碧玉叠出了一片堕天的灵气。这是天地旷然的美，而她如同尘埃，流连在人间，却望不见踪迹，不知自己身在何处。

新生的柳如被绿烟点染，《梅花落》的笛曲里是汪盈的幽怨如诉。她看得见，闻得到，听得清楚，这春是再一次来到了。只是，在这元宵日里，纵然天气融合，又有谁能担保须臾之间，是否会有新的变幻。待亲朋驾着华丽车马来迎聚相召，她却婉言相拒。她说，还是不去的好，免得心无静时。

她并不是不会去怀念。那些年，在北方的汴京城里，闺中多有闲暇，在这旧时被人十分看重的正月十五，又怎会不腾挪出时间去与亲朋欢游嬉乐呢。那些姑娘都一如当年的自己，头戴翠冠儿，身佩金雪柳。打扮得俊美翘楚，整齐端丽。

无奈年已沧、心也桑，容颜枯悴、鬓风鬓霜。她知道已无丰足的精力去观灯夜游了，不如掀起帘一角，听人笑语，就好。

大约是宋高宗建炎二年（1128 年），李清照于建康（今南京）城里作下了这首词。词意里的疲惫是明显的，立体的。仿佛能从中恍然望见李清照那一年憔悴枯萎的脸。女子就是这样顽强的动物，总能在劫难当中跌宕得起。但是，事罢，那一些坚硬会立即松垮下来，变成倦怠的衰老写在她们的身体上，灵魂里。

纵然如此，并不表示此一时李清照所要迎对的灾难已经结束终了。覆巢之下安有完卵。她不会料到一年之后，短暂的安宁之下隐藏的是更多的苦难与舛错。宋高宗建炎三年（1129 年）三月，时局板荡，赵明诚罢守江宁。

《续资治通鉴》卷一〇三"建炎三年二月"条载：

> 御营统制官王亦，将京军驻江宁，谋为变，以夜纵火为信，江东转运副使、直徽猷阁李谟觇知之，驰告，守臣秘阁修撰赵明诚，已被命移湖州，弗听。谟伤兵将，率所部团民兵伏涂巷中，栅其隘。夜半，入庚观火，诸军噪而出，亦至，不得入，遂斧南门而去。迟明，访明诚，则与通判毋丘绛、观察推官汤允恭缒城宵遁矣。

宋高宗建炎二年，赵明诚出任江宁知府。是时，金人大举南下，江宁成为大宋要塞。赵明诚官居要职，自是有所担当。是年二月，御营统制官王亦率领京都部队扎驻在江宁。后来，王亦图谋不轨企图谋反作乱。

当江东转运副使李谟得知王亦的秘密，他立即将此事告知了江宁知府赵明诚。事有奇巧，恰逢此时，赵明诚收到赴任湖州知州调令，这即意味着此刻的赵明诚已经不是江宁知府的身份，江宁城的大小事宜也不再隶属他管。但这并不表示赵明诚可以不闻不问，如若他的内心尚有真正的担当。

但事实上，赵明诚竟真的借机充耳不闻，做出事不关己的姿态。赵明诚曾经为人做事的原则立场此刻丧失殆尽。乱并将起的时刻，他的意志萎缩成令人羞耻的冷漠。

当夜，王亦率人在城中纵火，鼓噪起兵，而此时，赵明诚做出的事情是："缒城宵遁。"当第二天江东转运副使李谟再访赵明诚以禀明昨夜动乱之时，赵明诚一行人已是人去楼空。

世风日下，赵明诚的灵魂也终被荼毒。虽然，"缒城宵遁"的事件对于赵明诚个人而言具有偶然性。但至少，连赵明诚这样曾被人赞道"深诚许国，厚德临民"的人都会犯下这样不堪的过错，偏安江南的南宋朝内部官僚体系的腐朽可想而知。

三月，赵明诚被罢官。六月，他赶往建康，指望以此复出洗去旧垢，但不料途中染疾。八月，赵明诚逝世于建康。她说，她已风鬟霜鬓。

是，你我都有这一日。待风尘过去，"不如向，帘儿底下，听人笑语。"赵明诚去世之后，李清照曾作诗一首，名曰《偶成》。引来，记之。

十五年前花月底，相从曾赋赏花诗。
今看花月浑相似，安得情怀似往时。

有余情（添字丑奴儿）

窗前谁种芭蕉树，阴满中庭。

阴满中庭，叶叶心心，舒卷有余情。

伤心枕上三更雨，点滴霖霪。

点滴霖霪，愁损北人，不惯起来听。

——李清照《添字丑奴儿·芭蕉》

此刻，它看过去是伟岸的，如同一名风仪挺拔的男子。它高大茂
盛，给予她大片凉阴。于是院落里遽然变得沉寂清净。微风吹过，它
显现出蕉心卷缩、蕉叶舒展的曼妙情致，仿佛灵魂里有一片深挚绵长

的欢情。其实，那欢悦的情意里渗透出来的气味里是有一点酸涩的，隐蔽但深刻。

夜阑人静时，她欹枕卧听三更雨。点滴霖霪，声声寥落。雨打芭蕉时，有一种忧惶寂寞夹杂在声音里漫过来。然后将她包裹住。而她，此刻心里兀自怀想起北方的旧人旧风物。内心的涩苦非是一言可以尽说。愁损北人，不惯起来听。那一刻，她定有一种落泪的冲动。

这是李清照南渡之初的作品，借吟咏芭蕉抒发自己内心深处隐蔽的恋旧情怀。怀的不单单只是与他两情相悦的初相见，更为重要的是故国、旧家，以及北方的黄土地和苍蓝天空。

宋高宗建炎三年八月，赵明诚逝世于建康之后不久，南宋政局再一次发生剧烈板荡。在国邦动乱、家无和宁、人心惶惶的背景下，李清照的"愁损北人、不惯起来听"，成了时代微弱的映照。

宋高宗建炎二年（1128年），民族英雄宗泽去世。宗泽的死是南宋命世的一道坎儿。宗泽亡故之后，接替他官职的人便是南宋后来的叛臣杜充。此人残暴自私，又嫉贤妒能。他上任之时，正值金人南侵，他代为东京留守。

金将兀术攻势凶猛，杜充便弃城南逃。抗金名将岳飞进言："中原地尺寸不可弃，今一举足，此地非我有，他日欲复取之，非数十万众不可。"杜充不听，岳飞只能随军而归，退至建康。

是年秋，兀术继续南侵，改任建康留守的杜充不战而降。金军得以渡过长江天险，宋高宗被迫流亡海上。岳飞率孤军坚持敌后作战。次年，岳飞在牛头山设伏，大破金兀术，收复建康，金军被迫北撤。"岳家军"声名大振。

至于再以后，岳飞与岳家军所遭受的难，总让人不忍提及。仿佛自己也会折进那一段历史，受尽凌辱。岳家军连战连捷，一发不可收拾，可就在抗金战争取得辉煌胜利的时候，朝廷连下十二道金牌，急令岳飞"措置班师"。为了保存抗金头力，他不得不听命朝廷，忍痛班师。

> 十年之功，废于一旦！
> 所得诸郡，一朝全休！
> 社稷江山，难以中兴！
> 乾坤世界，无由再复！

岳飞这个男人，他就是一株松。不需要所谓长青，他只要在自己生的光阴当中竭尽所有的能量，便足够他写下辉煌。但是他是有憾的，这憾，非是因恶月鬼祟小人陷害，而是内心壮志难酬，亦已报国无路。他是死不瞑目的。于是，后世反复吟诵他作下的那一首《满江红》词。仿佛要从灵魂深处感应出当年他的壮志，慨然与愤怒。

> 怒发冲冠，凭阑处、潇潇雨歇。
> 抬望眼，仰天长啸，壮怀激烈。
> 三十功名尘与土，八千里路云和月。
> 莫等闲，白了少年头，空悲切！

> 靖康耻，犹未雪；臣子恨，何时灭？
> 驾长车，踏破贺兰山缺。
> 壮志饥餐胡虏肉，笑谈渴饮匈奴血。
> 待从头，收拾旧山河，朝天阙！

他怒发冲冠，独自登高凭阑，只见骤急风雨歇止，静得悚然。抬眼望天，是壮阔的天河横在顶上。念及壮志未酬，他忍不住仰天长啸，像猛兽，释放出灵魂里洒然凶猛的愤怒。三十年的功名如同尘埃黄土，八千里跋涉亦不过云月颠簸。拳拳之心难耐消磨。少年莫等闲，勇踏杀敌路。

靖康之耻，尚未雪洗。忠臣之恨，怎能泯灭。待他要驾着战车踏破贺兰山缺，饥餐胡虏肉，渴饮匈奴血。收复河山，朝告天阙，回报百姓。他敞开胸腹，让灵魂里的壮志与愤怒见天见日，赤裸于光下。这是他要带给这个尘世的壮烈与不朽。

那一句"待从头，收拾旧山河，朝天阙"，恰如人说："满腔忠愤，丹心碧血，倾出肺腑。神气十足，无复豪发遗憾，令人神旺，叫人起舞。词不以文字论长短，若以文字论，亦当击赏其笔力之沉厚，脉络之条鬯，情趣之深婉，皆不同凡响。"

从李清照的曲婉直正读到岳元帅的勃勃生力，仿佛岳飞的那一句"三十功名尘与土，八千里路云和月"恰等着李清照"生当作人杰，死亦为鬼雄"的应和。

李清照是深白的光，岳飞是鲜红的血。

冷冷清（声声慢）

寻寻觅觅，冷冷清清，凄凄惨惨戚戚。

乍暖还寒时候，最难将息。

三杯两盏淡酒，怎敌他、晚来风急。

雁过也，正伤心，却是旧时相识。

满地黄花堆积。憔悴损，如今有谁堪摘？

守着窗儿，独自怎生得黑？

梧桐更兼细雨，到黄昏、点点滴滴。

这次第，怎一个，愁字了得！

——李清照《声声慢》

她沉默不语。沉默在时间当中不经意地就变成一道风景，她在风景中观望风景中的风景，即是她自己灵魂里的寥落。寂然。冷清。无人问津。所谓"凄凄惨惨戚戚"。字字幽幽，声声有愁。

独处陋室，她若有所失地东寻西觅，一切无回。所有经历过的事情此刻都将是沉默的，等待她一一数落，抚摸，然后又匿迹销声。

这时候的秋别有三分愁。茕嫠何恃。怕的只是往事回还，在脑子里盘桓。回忆恼人天气作怪，暮秋乍暖还寒，难以将息。御寒，饮下两三杯酒取暖，却又敌不过急骤的晚风，簌簌地刮过她的身体。她如若一片单薄的纸，仿佛会被撕裂开。

抬眼见南飞大雁，那是从北边迁徙过来的。北边，是她的家。睹物思乡是理所当然的情绪。只不过这一刻，它有一些凌虐的姿态，向着她的脆弱和孤独。

她恍然忆起自己曾作下一阕《一剪梅》寄予那个人。她说："红藕香残玉簟秋，轻解罗裳，独上兰舟。云中谁寄锦书来？雁字回时，月满西楼。"如今却是人去楼空，音书无人可寄。

低眉又逢遍地菊花盛开。琐碎的黄，形神枯损。她知已无人可与之共摘，她亦已无心去采。整日守于窗边，等时间过去，待昼尽夜临时，再悄然转身钻回自己的闺室。他若是在天上看着她，怕是心里也是有叹息的。这女子始终情意深重，而他却再不能回应她任何一点的温暖与缠绵。此种种况味，一个"愁"字怎能轻易说尽。

李清照这首经典的《声声慢》历来为人称道，其叠字尤甚。宋人张端义于《贵耳集》中说道：

炼句精巧则易，平淡入调者难。且《秋词·声声慢》："寻寻觅觅，冷冷清清，凄凄惨惨戚戚。"此乃公孙大娘舞剑手。本朝非无能词之士，未曾有一下十四叠字者，用《文选》诸赋格。后叠又云："梧桐更兼细雨，到黄昏、点点滴滴。"又使叠字，惧无斧凿痕。更有一奇字云："守着窗儿，独自怎生得黑。""黑"字不许第二人押。妇人中有此文笔，殆间气也。

她以细腻而又奇横的笔墨，用双声叠韵啮齿叮咛的音调，完成了这首《声声慢》来表达一个女子对一个男人无以言重的感情。用学者沈祖棻的话说，即是此词"是由于心中有无限痛楚抑郁之情，从内心喷薄而出，虽有奇思妙语，而并非刻意求工，故反而自然深切动人"。

古人誉之为"千古创格""绝世奇文"。

李清照在词作上的成就超逸绝伦，被后人誉为"一代词宗"。其实与李清照同时期，并不缺乏才情卓尔的女文人。比如在李清照之前的魏夫人，比如在李清照之后的朱淑真。其中朱淑真更是堪与其比肩，与之被人共誉为"词坛双璧"。她之所以能够在能人辈出的大宋乃至整个文学史上技压群芳成为第一才女，是有一些原因的。

从她成年以前的成长环境看。李清照的父亲是文章名流李格非。家境殷实门第书香，成长环境洁净。童年虽与祖父母居于明水镇，但因祖父是前朝官员，文化修养不俗，家中藏书较多。而她的伯父李辟非尚未"知凤翔，麟游县事"，依旧在老家勤学苦读，因此李辟非也顺便担负起教导李清照的责任。

这一些担当的教育为李清照营造了一个十分优良的成长氛围，成为李清照成长过程当中至关重要的启蒙，对她的品性与才情的生长起到了深重的影响。

从她成年之后的生活际遇看，无论是李家还是嫁过去的赵家，都是生活环境优越的官宦人家，衣食无忧。环境造人。李清照的感情洁净有力，丈夫赵明诚专注金石收藏文物研究。夫妻二人志趣相合。直到赵明诚去世之前，他们彼此渗透，文化修养始终处于一个上升的状态中。这对李清照的文学创作起到十分重要的推动作用。

李清照命理当中仿佛注定就是要成为绝才的女子，用她的笔墨来表达灵魂，表达尘世乾坤，表达人情当中的真善与无常。

词话七

相逢各自伤迟暮

寄幽怀（浣溪沙）

绣面芙蓉一笑开，
斜飞宝鸭衬香腮。
眼波才动被人猜。

一面风情深有韵，
半笺娇恨寄幽怀。
月移花影约重来。

——李清照《浣溪沙》

她在笑。

是含羞的笑，是"犹抱琵琶半遮面"的笑，却笑到心里某一处柔软慢慢绽开。她面色殷红，宛若芙蓉。潋滟的飞鸭玉钗斜插鬓边的髻子上。沉静的光衬着她的腮，营出一种惊艳。心底生出爱来，怎么看都是美的。她自然不被例外。美目流盼中，那一点羞涩的情怀不紧不慢小心翼翼地便淌了出来。

旧时女子幽居深闺，若是有了爱，所有的情绪辗转都被那一点意念牵绊左右，或愁或喜。而这一愁一喜之间，会有无常的气场满出来。她便因此变得敏感，却亦因此风情万种。

她不是别的女子，只在深处等待，见着光便觉得已经很好。这对于她，是不够的。她要有，要生生地握在掌心里。这样她才能觉得有着落。

于是，她在房里铺开半张素笺，舞起一只彤管，一点一点将内心的嫣红记下来寄予他。若是君有意，相见月移花影时。这大约是她内心的冀望。又或者，那是初爱之人的信誓旦旦。怎样热烈都美好得不沾尘埃。

白居易在《长恨歌》里写"芙蓉如面柳如眉，对此如何不泪垂"。王安石写"水边无数木芙蓉，露染胭脂色未浓。正似美人初醉着，强抬青镜欲妆慵"。吕初泰曰："芙蓉襟闲，宜寒江、宜秋沼、宜微霖、宜芦花映白。宜枫叶摇丹。"芙蓉，它总有一种清却的美，如一点慢慢洇氲开的红，就像女人的脸。

当它被用来形容女子面色时，它是有暧昧的意味的，而且那一种暧昧往往是深刻的。这一首《浣溪沙》里，她要写的就是这样一个内心充满春光的少女。

她的面色如同出水芙蓉，清柔明丽。她有一种倨傲又期许被灌溉的姿态。她看过去倨傲冷清却又风情万种。冷傲是留给别人阅读的，而内心的温热只有自己知道。于是这样写来，自有一种本色之妙。

作这一首《浣溪沙》的时候，李清照是青春的。青春都是有光的。她就在那样的光景当中与赵明诚相调，然后相爱。在这之前，她所有独自的光阴都仿佛只是为了那一次遇见。此一刻，人生寂寂沉沉，得到与失去是如此的鲜明。时光在她的身上烙下了格外深刻的痕迹。

那时，少女心中有爱，却羞于言表。纵然她竭力按捺，亦不过是徒然。只要动了心，必然要露出破绽。感情的事情是容不得一丝作假的，因为那假总在真情意的逼迫下原形毕露，难堪至极。

一句"眼波才动被人猜"袒露了所有情怀。不骄矜不伪饰，自然婉转又诚坦。于是她终于决定，豁然表达内心的爱。给予他爱之契机，亦是赐予自己爱之欢喜。

李清照的这一句"眼波才动被人猜"最惹人爱。它让她终于没有忍得住，提笔书写寄予他爱。隐隐带着一些积极的指引。素朴言语的自然之处，跌宕出内心的爱之恩慈。

《越人歌》里有一句悱恻缠绵的"山有木兮木有枝，心悦君兮君不知"。女子说，山上有树，树上有枝，这世人皆知。而她内心对他的喜爱，他却并不知晓。青翰舟中，越女初遇泛舟河中的鄂君子晳。她见之便钟情，芳心已喜，却又忐忑羞涩。万事无有，只是向水一歌。《越人歌》里的惘然仿佛带给了李清照启示。

女子面对爱，尚不能运筹帷幄，若是再模棱两可，怕是只能一再重蹈错失离散的覆辙。李清照的心意敞亮、胸襟荡荡，做得如此漂亮。

今夕何夕兮，搴州中流。

今日何日兮，得与王子同舟。

蒙羞被好兮，不訾诟耻。

心几烦而不绝兮，得知王子。

山有木兮木有枝，心悦君兮君不知。

枕簟凉（丑奴儿）

晚来一阵风兼雨，洗尽炎光。

理罢笙簧，却对菱花淡淡妆。

绛绡缕薄冰肌莹，雪腻酥香。

笑语檀郎，今夜纱厨枕簟凉。

——李清照《丑奴儿》［存疑篇目］

夏日的黄昏雨是带着慈悲心的，将昼日的热洗凉，给予她一些情意绵绵的生机。她端坐在他的面前在这日暮的黄晕之下抚琴一曲。乐曲是雅致暧昧的，仿佛流淌出她对他的某一些暗示。

这样的良辰，天作之合的才子佳人，似乎是应该有更多的一些事情要发生的。于是她理"罢笙簧，却对菱花淡淡妆"，对着菱花镜子，细细描眉，轻轻点唇。妆淡情意浓。

她只是着一件单薄的绡衣，丝缕极薄。他隐约可以看到她光洁的肌肤，那一些细腻如雪的肌肤里散发出她独有的香气。她斜倚在梳妆台边，美目流盼。他看到她的神色之下涌动的热烈。此一刻，她是迷人的，蛊惑人心的。他亦是甘愿沉堕她的深海里的。义无反顾，坦荡恣肆。

她终于启口说话。并且她的嘴角是泛着笑的，而那笑隐蔽又羞涩，并且带着一种无以言说的纵容。她对他说，今夜凉透，那凉意都浸到了纱厨枕簟里。言有延，意不尽。

她想要说的又岂止这一句，他心里亦是知晓的。他们彼此之间的沟通向来无须累赘的言辞。一个眼神，一点暗示，若隐若现的点拨，足够他们彼此的交汇。这样的默契，情到深处，便会一点一点自然而然地显现出来。

"檀郎"一词源自美男子潘安。因其小字叫作"檀奴"，于是后人常用"檀郎"指代女子的心上人。李后主曾在《一斛珠》中描写娥皇时写道："烂嚼红茸，笑向檀郎唾。"此《丑奴儿》词所说"檀郎"自是指代她处的那一个他。

至此，《丑奴儿》词已罢，而他与她之后的温存是不可见，却能想得到的。纵使这首词再婉转，再隐晦，字里行间总让人知觉出隐隐之中有一种在皮肤之下流动的情欲。像一种勾引，引诱他去飞蛾扑火。这是她的蓄意，亦是他的期许。他们成为彼此爱情当中旗鼓相当的对手。这注定会是一场亮烈绝伦的博弈。清澈至死又香艳至死。

也难怪会有人将它列为存疑词，否认它是出自世人所知的那个清透的李清照之手。这一首词就如同李清照的那一首《点绛唇》，表达的都是最真实的，只因它的词意里直白地透露出她对爱情的欲望，因此便被卫道士们横加指责，甚至否认它与李清照的关系。

人是最善于自欺欺人的动物，为了证明所想象的，极力地掩饰、颠倒、刻意、虚构。甚少能够真实没有误差的行为。所以，许多的时候，喧嚣聒噪的言论是没有丝毫意义的。那不过只是一些哗众取宠的手段，与事与物与本质和真相丝毫不会有联系。

李清照是正常的女子，所以她定是有情欲的。文字是一种表达，纵然它有时是虚妄的，但是它势必在虚妄的表达之时有漏洞，那一种漏洞不是技术的问题，而是感情的问题。也是一种自然状态必然存在的问题。

所以，李清照在作这样的词时，内心是又惊喜又惶恐的。惊喜的是她在一丝不苟地表达自己当下的情状，惶恐的是，它们会带给她是非。纵然她有预料，她依然在竭力地表达。表达才是最重要的。

这让我想起张爱玲遗作《小团圆》的出版风波。因书中热烈的情色描写，有人言之为张爱玲"自毁形象"。这是一个看上去十分愚蠢的言论。张爱玲，她始终是诚坦的、自然的、不做作的。她的清风盈袖和恣肆热烈都是她身体里与生俱来的质地。她不需要为自己为任何去掩饰去作假。从来不会有一个人的气场是单一的、绝对的。

想必李清照作下这首《丑奴儿》的状态大约也是她内心最欣悦的。对于写作者而言，绝对真实的表达是需要勇气的。但是她们都做得如此精彩绝伦，令人赞叹。

这没有什么不好的。这一首《丑奴儿》看过去是如此的美，那是一种原始的自然的本质的美。里面有呼吸，有桃色的眼神，有身体的语言，有欲望，有暧昧的寓意。《诗经·国风·召南》的《野有死麇》篇，写得亦是情欲涌动的男女。风情肆意，热烈可喜。

野有死麇，白茅包之。

有女怀春，吉士诱之。

林有朴樕，野有死鹿。

白茅纯束，有女如玉。

舒而脱脱兮，无感我帨兮，无使尨也吠。

野地上有只死獐子，用白茅草儿来包就。有个女孩儿正当年，那青年猎人来引诱。林子里有棵死小树，野地上有只死小鹿，用白茅草儿来捆住。有个女孩儿如玉珠。事儿要慢慢地来，不可焦迫不待，切莫惹起那只狗，逼得它叫出声来。

情欲，是美好的，洁白的，单纯的。是"洗尽炎光"的，是"雪腻酥香"的，是能让内心有爱的人感到惊喜的。

清昼永（殢人娇）

玉瘦香浓，檀深雪散。今年恨、探梅又晚。
江楼楚馆，云闲水远。清昼永，凭栏翠帘低卷。

坐上客来，尊中酒满，歌声共，水流云断。
南枝可插，更须频剪，莫直待，西楼数声羌管。

——李清照《殢人娇·后亭梅花开有感》[存疑篇目]

它从来都是卓尔不群的。纵然如今已是玉瘦，却始终抵不过它孜孜不
倦源远流长的肆意香浓。可惜她又错过花期，好时光残落满地。绛色的、
白色的花瓣于淡烟软月中凋零。

长江之滨，楚地南天，有楼馆亭台。她举目眺望。梅树琳琅，错落有致，花香浓郁，粉波如海。云水相接，浮蓝若水，碧色连天，天深水远心意长。

　　她蓦地觉着这昼日太清冷太漫长。只身凭倚着雕栏放眼远望，信手卷弄着低垂着的翠色帷帘。她仿佛是画里的，亦是梅中人。此时此地，她与它是如此的和谐统一。闲静里有惆怅，仿佛那一些濒临垂落的花朵会修炼成精。

　　后来有客拜访。她为他们斟满酒，良友相聚，自当达旦畅饮。这女子是有好酒量的。她之所以与别的任何一个女子都显得有区别，并且殊胜，除了卓绝的才情，芳洁的人格，她性格里的敞荡、利落、狷介更是寻常女子所不具备的。时婉约，时豪饮。这就是李清照的磊落与光明。于是，她利索地收起霹雳情绪，与亲朋纵歌抒怀，水流云断。

　　醉意阑珊时，她猛然再一次瞥见了它。南边向阳枝头上的梅依旧令她喜爱至极。这春意已渐次阑珊，若不趁着它方开未残攀折供插，它的疏仔冷香怕是稍纵即逝了。切莫等待，徒留冷香枯萎成烟时再惆怅流连。

　　这不是一首单纯的咏梅词。它有它的弦外之音。李清照这个女子的身体里流淌着一种倔强的血液。若是她要执拗起来，怕是没有人可以赢过她。这一回，她纵然心中有百般惆怅，亦不愿做半分的吐露。她可以绵软如絮，亦能刚硬如铁。不在亲友的面前暴露自己的渺弱。这就是她的道理。

　　于是这一首《殢人娇》写得极为含蓄。只有她与梅的情意流转，却难能捡拾出她对他的依赖。赵明诚与李清照的感情，盛大时耀眼，静默时又无形无色无味。但就是他们相濡以沫的方式，他们的好时光就是这样有时静默有时热烈得跌宕。

古人赏梅讲究"四贵"：贵曲不贵直，贵疏不贵密，贵梅花之瘦不贵其肥，贵梅花之合而不贵其开。它天然具备一种内敛的、向内收束的美。所以它能把她吸进去，完完全全地囚住。她也是心甘情愿。

李清照对梅花亦是情有独钟的。《漱玉词》当中十五首写到梅花的词里就有六首是专门咏梅的。李清照在词作里对梅花意象的塑造融合着她自己在不同的生存时期个体生命的独特体验。对梅花的描述雕刻进了她个人内心跌宕与大时代的变迁的印迹。纵然词婉，那也是可以提炼归纳出来的。

她与梅花之间形成的那一种牵系，亦不是单纯的人花两望的吟咏，而是有了人花两相忘的精神交媾。她将她太多的感情注入了那无情草木当中，使之看上去具备女子的灵动感人。她们是姊妹。她们是灵犀相通的生命整体。

作下这一首《殢人娇》时，李清照已经是经历了大难的人。这样的人都有一种特别的能量，蕴含苦难若烟云，吞吐自如，旁人是决然看不出她淡然一笑的背后所藏匿起来的暗涌。他们都具备了万事泰定的技法，再不能有挂碍跌宕她表象里的安稳。

词牌《殢人娇》，双调，六十八字。上下阕各六句，各四仄韵。六十六字格、六十四字格亦上下阕各六句，各四仄韵。入词牌《殢人娇》的佳作不多。柳永存《殢人娇》词一首。晏殊六十八字格《殢人娇》存词两首。宋人张扩、张智宗、毛滂和清人陈维崧等亦存有《殢人娇》词。

二月春光，正是杨花满路。那堪更、别离情绪。
罗巾掩泪，任粉痕沾污。争奈向、千留万留不住。

玉酒频倾，宿眉愁聚。空肠断、宝筝弦柱。
人间后会，又不知何处。魂梦里、也须时时飞去。

醉醒中（浪淘沙）

帘外五更风，吹梦无踪。画楼重上与谁同？
记得玉钗斜拨火，宝篆成空。

回首紫金峰，雨润烟浓。一江春浪醉醒中。
留得罗襟前日泪，弹与征鸿。

——李清照《浪淘沙》[存疑篇目]

天地之间，九五三千。
最大的事不是人间帝，而是真情义。

小儿女的情肠里有不可揣量的大乾坤。她明白这个太多人不明白的道理。寄生之希望于宋帝不如寄希望于自己内心与这尘世的厚重感情。国不再国，家不再家。但她依然是她。忠爱他，忠爱家，忠爱国的那个扬眉女子。

五更时分，枕冷衾寒。她午夜梦阑，掀起珠帘，见沉沉一片暗天压下来。五更天是夜里最阴寒的时段。有寒凉的夜风，带着泥土气味吹将过来。她心有微澜，任凭这风日里的凄薄之气灌溉。她看上去是如此孤独。女人在深夜看天。这是令人潸然的画面。

如今，再也没有往日携手同上高楼的人了。如此，她亦是无奈的。吹箫人去玉楼空，肠断与谁同倚。一枝折得，人间天上，没个人堪寄。

他离世已经这么多年，她依然茕茕孑立于这广天广地之间，无所依托。她不是没有过尝试，但是那只给她不曾预计到的羞耻，这始终是她的心疾。但是此刻已无碍。因她知道，再也不会有人可以让她去爱，她亦是再也不能爱了。他带走了她所有的精气和爱情。

曾经，她与他用玉钗斜拨烟炉中火，怕头香烧断。望那炉烟，预卜他年夫妻意志相合，共享天伦，以了此生。而今看来，却是往事尽成空愿，如炉烟飘散，已了无踪迹。

如今，她已寂寂度生。这是她迟到的静默，却是迟早的归属。她再一次回头望那一些光阴，雨润烟浓的建康生涯，那些情愫也是图腾，溶在一江春水里流转。她在情意外，情意在她身。他离世时，记得自己当时的声泪俱下的猝然失控，但这并不表示此刻的安宁里有对往事的遗忘。往事随征鸿，非是遗忘，她是在用更沉默但却更深刻有力的方式来记得。

此词当中那一句"记得玉钗斜拨火，宝篆成空"的背后是有掌故的。

"记得玉钗斜拨火"，本是写闺中夫妻的旖旎互动，但因接了"宝篆"一词，那么理解的时候就不可如此单调草率了。

旧时"宝篆"有两层意思。第一层的意思是说香炉之中的炉烟升起时曲折回环状隐隐如若古篆字体。第二层的意思是指代古代道书、秘籍，因其都是用古篆字体书写，所以此类道书、秘籍被称作"宝篆"。

唐诗人王勃在他的《乾元殿颂·序》中有这样一段话："灵爻密发，八方昭大有之和；宝篆潜开，六合启同人之会。"其中所写到的"大有""同人"都是《周易》当中的卦名。

"大有卦"是易经六十四卦中的第十四卦。上上卦。其意曰"火天大有顺天依时"。象曰："砍树摸雀作事牢，是非口舌自然消，婚姻合伙来费力，若问走失未逃脱。""同人卦"是易经六十四卦之第三卦。中上卦。其意曰"天火同人上下和同"。象曰："心中有事犯猜疑，谋望从前不着实，幸遇明人来指引，诸般忧闷自消之。"

由此可见，李清照于此处写"记得玉钗斜拨火，宝篆成空"并非单是为了来描述陈年的闺中旖旎，而是来表达夫妻未能白头偕老之憾。两个人若是感情尽时断开关联，如同生之老死，是最让人羡的。情意久长命寿不让，就如同生之英年早逝，势必让人为之叹惋喟然。

"一江春浪醉醒中"句是化用李后主《虞美人》一词那句广为人知的"问君能有几多愁，恰似一江春水向东流"的词意。

愁如春浪，融入江水，化作绵绵往生里的记忆线索。她只是寻着它去回顾，但是内心已被光阴淘洗得稳重如山。整首词的气质是哀婉的，如陈廷焯在《白雨斋词话》说"凄绝不忍卒读"，但是它又自有淡定清却之风，是那种被时间淘练出的微妙的气场。

   ·   赵明诚于建炎三年病逝建康之后，李清照大病一场。是年冬，又因"玉壶颁金"的纠葛，奔赴到越州外廷投献家中文物。此后因虏势日逼，她随御舟逃难长江之中，欲渡江避难。有学者认为这一首《浪淘沙》词大约作于这一个时期。此观点是不无道理的。

    这虽是一首悼亡词，但这首《浪淘沙》词意里带着沉默的力量，又情意深沛，更像是李清照暮年的追忆，总有一种大彻大悟却又充满热爱的关怀，对往生。

何样似（浪淘沙）

素约小腰身，不奈伤春。疏梅影下晚妆新。
袅袅婷婷何样似，一缕轻云。

歌巧动朱唇，字字娇嗔。桃花深径一通津。
帐望瑶台清夜月，还送归轮。

——李清照《浪淘沙》[存疑篇目]

这宛若一幅自画像。

她端然看出了自己的美。

那腰身细扁柔软，肤色蕴白，宛如素洁绢丝。她大约是经不住这春情伤意的消损的。墙角疏梅落下影来，折到她的妆台下，她于浅淡暮色梅影里淡淡上妆，颜光四溢。她甘愿于此时做一枚弱不禁风的小女子，待他来爱。这样的时分，当是她生命时辰里最温暖人心的。她内心的渴求溢于言表。

她袅袅婷婷的骨血里淌出来的是优柔百媚。你说她像什么？像一缕轻云。从远方的天飘荡过来，柔软身心里所有的坚硬。她仿佛天生就是用来被爱的。她是这样的优雅美丽。

容颜若浮锦。她自有她殊胜质地，诗词曲赋，才艺双绝。启朱唇，吟小曲，字字娇嗔，如黄莺啼鸣，惊艳到让人为之折倾。

她从闺中缓步出行，看那桃花夹道延展。曲幽深径通往水边渡口，那里有更广阔的天地。大约，他正从那一处下了船，疾步前来探她。这样想时，她不自觉地要发出嘤嘤笑声。她对这两情相悦的约会有太多的憧憬。这少女，天真琳琅，有自顾自的万种风情。

只是待他再离去，她已沉堕进去，尚未脱身拔离。夜来登高，怅然怀想仙人所居。那瑶台里的清风明月。若是还有作为，就只是"还送归轮"，如此而已。

作这首《浪淘沙》的李清照是春光熠熠的。年轻，纯真，新艳。一切尚未开始，一切尚在憧憬，一切尚有盼头。那还是在北方的汴京城里举目四顾独自等爱的年代。她着一身粉衫，倚住楼上的阑干，微微掀起珠帘，向那人山人海的街市里望。

几多妖娆几多绮丽。几多缠绵几多销魂。她就如《红楼梦》伤进骨髓的葬花女林黛玉一般袅袅婷婷。她妖娆，魅惑，性感。想起来木心先生的那一句"那口唇美得已是一个吻",说的大约就是她那副美好模样了。如此美好,让人忍不住想触抚,如临一幅真图,仿佛里面美得会生出怪异来。

难怪赵明诚如此痴迷这个女子。这一生能得一女若此,他不能不说是有福报的。他这一生,若是没有李清照,怕是也不能成为那个赵明诚。她是他的微物之神。这丝毫没有夸大这个女人在他生命里的分量。旧时女子太卑微,男人从她处得到的好处与能量总是不被提及。但她对身边人的影响不可谓不深。自然,赵明诚尤甚。她的打马之好更是影响了她的多数姐妹。

李清照的暮年生活与年轻时自然有悬殊。不再热烈,不再执着,不再波澜四起,不再汹涌蓬勃。她变得静默,但内心又如女童般单纯雀跃。回到最初的纯澈如高山流水。度生之轮回,享"打马"之欢。

关于李清照的"打马之好"历来受到争议。有甚者,用"嗜赌成瘾"来形容李清照。其实不然,且李清照所"独爱"的非是行序粗简的豪赌,而是依赖精巧技艺的"打马""彩选"一类的"闺房雅戏"。

她将"博者"理解为"争先之术",丝毫不去刻意避讳自己"性喜博"的趣致和态度。而这正是因为她洒然自在、坦荡飘逸的心性所致。她从不刻意地生活,但是始终竭力,包括博戏。

在《打马图序》中,她如此描述自己对博戏的痴迷:"予性喜博,凡所谓博者皆耽之,昼夜每忘寝食。但平生随多寡未尝不进者何?精而已。自南渡来,流离迁徙,尽散博具,故罕为之,然实未尝忘于胸中也。"

"打马"在当时是一种十分流行的博戏。李清照酷爱这种博戏,她不仅博艺"精而已",对博戏的源流和变化亦是颇有研究。对各种博戏的娱乐性更是了如指掌。甚至,专门为之作赋,用图文并茂的方式对"打马"的规则做了详尽的记录。

李清照的"打马"并无不是,这就好比张爱玲的"麻将"。所谓"小赌怡情",她只是以低于尘埃的姿态在享受最单纯的快乐。安度之姿看过去如同仙人。

这就是她的桑榆晚景。

留连处（青玉案）

征鞍不见邯郸路，莫便匆匆归去。

秋风萧条何以度？明窗小酌、暗灯清话，最好留连处。

相逢各自伤迟暮，犹把新词诵奇句。

盐絮家风人所许。如今憔悴、但余双泪，一似黄梅雨。

——李清照《青玉案》[存疑篇目]

此行，路途遥远。

那是一段不可预知的艰难与孤落。而她面对即将赴任远方的他，内心缱绻的不舍是突显的。她说，不要着急着上路。而不是说，不要上路。她是愿意让他走的，这愿意里面却又是千百回的不情愿。而他到底是渐行渐远。又见离散。

她犹记得前日他们在明净的窗下小酌的场面。灯光温煦暗暖，她与他闲话家常。从过去的隐秘说到明日的分离。然后是沉默。这秋日的萧瑟兀自在那一刻变得夸张起来，她变得感伤并且忧愁。空气是沉重的凄清与寂寥。她转过身去，不再应答。而他也醺然，睡将过去。这已经是他们离前最温情的独处。

时间有时是充满绝望的。她明白这个道理，正如她知道他们再见的这一次必定已是各自伤迟暮，年岁老矣。

她此刻看上去是如此的坦然镇定，时间消磨了她炽烈的热情，她变得清和沉默。她只是将新作的诗词拿出来吟给他听，让他听那些新奇又清丽深情的句子。喜文家风历来都是会被人赞赏的，他也知道她的典雅与好。

吟诗唱词，又岂会淡静始终。那些缠绵意深的字句里透露出的温热让她愈发难以操持那份镇定。她终于在不经意间想起自己这憔悴的容颜与羸弱的身体，以及彼此之间再也回不了的过去。两行清泪流下，恰如那轻绵细雨，滴滴都落到了心上。

其实读它读出来的一些男欢女爱不过只是牵强附会的解意。只因这样解这样读，它才能让人更容易浸到里面去。有学者以为，此词非是李清照写给赵明诚的，而是写给其弟李远的。但无论是赠与谁，这个男人在她的生命里势必是有重量的。

词里"盐絮家风人所许"一句用了一个关于才女谢道韫的典故。《世

说新语·言语》载："谢太傅寒雪日内集，与儿女讲论文义。俄而雪骤，公
欣然曰：'白雪纷纷何所似？'兄子胡儿曰：'撒盐空中差可拟。'兄女曰：'未
若柳絮因风起。'公大笑乐。"

"谢太傅"即是大才子谢安。"兄子胡儿"是指谢朗。"兄女"说的便
是才女谢道韫。此典本是来赞谢道韫的"咏絮之才"，李清照此处引来作
"盐絮家风"是来说自己的家庭里有谈诗论词的家风。

李清照的送别诗词并不多。

晚年，她曾写下了两首《上书密韩肖胄诗》予韩肖胄。宋高宗绍兴三
年（1133年）五月，朝廷派遣北宋宰相韩琦之曾孙同签枢密院事、吏部侍
郎韩肖胄为通问使，工部尚书山东临朐人胡松年为副使，作为出使金国的
使者，去探望被金人囚禁在北方的宋徽宗赵佶、宋钦宗赵桓。

李清照晚年并不是两耳不闻窗外事地足不出户，她始终持有一颗灵敏
的心，时刻凭借敏锐洞察力关注祖国山河、政治动向。并且韩肖胄的祖父
韩忠彦、曾祖父韩琦都曾是北宋宰相，李清照的父亲李格非与祖父两代人
都曾得到韩家提携。此一刻，当李清照得知家族世交韩肖胄将北上，她内
心沉寂下来的故国之思再一次燃起，并且十分旺烈。

于是，李清照在内心炽烈的乡愁意念的指引之下，作下了《上枢密韩
肖胄诗》（即《上枢密韩公、工部尚书胡公》）二首替二人送行。

女人都是那种越沉淀越机智的动物。于是，在年老的时候，她便开始
懂得，面对人世间暖红的喜庆和热闹，掩耳匆匆避让。然后站在一个清冷
哪怕无人问津的角落里静默观望。遇到让她内心重新起伏的时机时，她便
会以不经意不搅扰的方式出现。

她作下两首诗，然后再匿迹，仿佛从来不曾出现过。但是她的感情却再一次镌刻进旁人的视线里、心坎儿里。

夜来风（怨王孙）

梦断漏悄，愁浓酒恼。宝枕生寒，翠屏向晓。

门外谁扫残红，夜来风。

玉箫声断人何处？春又去，忍把归期负。

此情此恨，此际拟托行云，问东君。

——李清照《怨王孙》[存疑篇目]

清晨，她梦断漏悄。

细微的滴漏声，清脆深透，仿佛要涸到她的脏器里又宕开，震得她心力交瘁。人在寥落悲苦时，感官是具备放大作用的。她就这样在自己筑起的囹圄里暗无天日地沉默。纱橱冰冷枕簟生寒，夜将尽，曙色欲升，她的目光越过那翠色屏风落到了远处。见门外残红遍地。是谁扫？夜来风。

他在何处。短过她的盼望，长过她的念想。他与她之间的聚少离多虽不是致命的障碍，却成为隐疾。于不经意间便将她扎痛，以提醒她的缺失被悄然地扩大。

春来春又去，却不见君归。他生生折了她的盼头，又不给予丝毫归乡的音信。听她道了那一句：此情此恨，此际拟托行云，问东君。肝肠便裂了七分，断了九寸。

这首《怨王孙》如此解来，即使不悲也是要落泪的。而此词表达的意思就是闺里独居的女子思念远在他处的丈夫，内中悲切的深意本就浓烈不散。凝在词境里自然而然就氲开了一帧一帧离肠寸断的画面。

赵明诚几度与李清照分离，而这一首词到底写于何时如今也已是难能确证。但是多数时候，这一些学术上的事情并不需要太多的人探究。它只是属于一小部分的研究科目里的事情。对于你我，它不是那么重要。这可以当成是我的借口，而我此时要记下的本就只是私人的感触。

这一些别离在她心里定是早有预料和分寸的。他次次出门，都花开荼蘼。他次次离去，都措手不及。但不足以将她击溃，直到他病亡离世永不再回。而赵明诚死后，李清照所经历的苦难，又是他纵然在天有灵也爱莫能助的。这个女人注定要在生之跌宕里活出姿态来。

金石文物是他们的爱情证据。所以，李清照视之如生命，甚至要更重。任何时刻，她都绝不会轻易将他们遗弃。哪怕命之垂危，生之将毁。

可是，靖康之变后，赵明诚与李清照对一批一批金石文物的安排从一开始就欠缺妥当。纵然为各种条件限囿，让李清照这样一名手无缚鸡之力的弱女子来独自担当如此大量的文物看护与搬运工作是绝对欠缺理智的。于是，那一些文物终究逃不过散佚的宿命，渐次失损。

宋高宗建炎元年（1127年）三月，赵明诚因其母郭氏于江宁去世离任赴江宁奔丧开始，李清照开始独自担当照看、搬运两人多年收藏心血的任务。十二月，二人屏居十年的青州发生兵变。留在青州的文物没有保全，遭到第一次劫损。后二人团聚江宁。

宋高宗建炎三年（1129年）八月，赵明诚逝世之后，李清照面对她与赵明诚保留下来的数量尚多的大批文物，开始又一次的辗转。她将部分文物托付给了官居洪州的赵明诚妹婿李擢。是年十二月，金军攻陷洪州。李擢携太后一行人逃离，留于洪州的文物化为灰烬。

宋高宗绍兴二年（1132年），宋高宗一行人正在逃亡。此时，因"玉壶颁金"事件，南渡至明州（今浙江宁波）的李清照将家中所剩贵重古器，一些青铜器和手抄本古籍文物转交给居于邻近明州的剡州的可信之人，代为转交进献给朝廷以证明亡夫清白。至此，李清照手里所拥有的文物古器的数量已是寥寥。

于是，她面对手头独存的六七簏少量书画砚墨，"更不忍置他所，常在卧榻下，手自开阖"。但是外贼易防，内贼难挡。当她流离至越州（今浙江绍兴）时，暂居于会稽一钟姓人家休整的李清照再次遭劫。她临时居室的墙壁上被人凿开一个洞，六七簏物件被盗去八成。

人心险恶，诡欺蛮鬓，时势不丕，金石沦亡。她颠沛流落的苦，即便赵明诚亡灵有知，那也是人间天上永世不得见的相望相隔。彼此之间的羁绊也已不是两情相悦的浓艳深意，而是一种相思两处闲愁的脉脉不得语。

从赵明诚去世到李清照彻底结束再嫁纠葛，这中间的漫长时间如同浊腐深河，她是裸足涉水的女子。待她从此岸到达彼岸的那一刻，她依旧如洗甘霖，浑身洁净，并且内心已是适应无常的安稳淡定。再无怨念。

那一些迟暮的相思，只是如同清淡话语，是她在人间对男女情爱最后的流连，是她与他之间呼吸毗邻的交汇。

他天上有知，她地上有持。

人静了（怨王孙）

帝里春晚，重门深院。草绿阶前，暮天雁断。

楼上远信谁传？恨绵绵。

多情自是多沾惹，难拼舍，又是寒食也。

秋千巷陌人静，皎月初斜，浸梨花。

——李清照《怨王孙》[存疑篇目]

地点是京城。

时间是晚春。

她是婉约画中人。

他出仕在外，她独自置身于深重紧闭的大院宅门里，观石阶上春草片片绺绺。时不时，她便会抬眼望向天。指望会有某一只大雁落进视线，带一信音书传来他的挂念。

但，待时间虑尽，暮色苍茫时，她依然不见传书鸿雁。他音讯杳然。于是她变得沉默，因沉默变得低矮，低进了尘埃里去。忽然，听见楼上传来欢声，不知是哪方的家书已至。不过，不是她的，都只是别人的。

她是情深的女子。他亦是义重的人。这一些她都是知道的。只是，若他离去，她便惶惶欲知相聚又何时。又到寒食这一日。

她说，多情自是多沾惹，难拼舍。欲不思念却又难以割舍。独自伶俜面对生活，这是又一种虐心的舛错。见庭院中的秋千兀自矗立，闾里巷陌亦是人声寂静，初升的皎月斜挂天际。月光如水浸梨花，依旧无语。

这一年的这一日。这一日的这一时。她心底里那绵绵的怅恨从尘埃里渐渐开出苦涩的花来，而她那垂首低眉的模样让人看过去更是觉得心都会裂开。

这一首《怨王孙》大约作于宋徽宗崇宁二年（1103年），李清照只有十九岁。时间又回到最初，她与他软语温存、鹣鲽情深的那一刻。再往回，她与他初见于明媚的光下。

年轻的爱人们，把爱情当作鲜花。一朵一朵摘下，聚捧在手心，对着日照看，看掌心万花。李清照这个女子，她更是将爱当作生命来经营，丝毫不曾有懈怠。十九岁时这首《怨王孙》是如此，逾六十岁为宫中人写帖子时亦是如此。

赵明诚死后二十年里，李清照从未将这份爱从身体抽离。它如同一枚陈年的与生俱来的脏器，长在她的肉体里、灵魂中。她与它看过去是匹配的，稳妥的，和谐的。纵然她让它随着自己的心性逐渐沉稳、静默，但是她与它之中知道彼此之间不绝断的牵系。他们是有羁绊的。

他在的时候，她不遗余力地去爱。他不在的时候，她亦是懂得不遗余力地怀念，哪怕会因此折伤自己也不足挂齿。她将这一些感情都倾注进了手边寥寥的金石字画里。承言继志。后序金石。她对于这件事的专注有两件事可以佐证。

第一件。宋徽宗政和七年（1117 年），赵明诚生前最重要的金石文物目录著作《金石录》基本完成。这是一部继欧阳修《集古录》之后规模更大、更具备价值的研究金石学的专门著作。

到宋高宗绍兴五年（1135 年），赵明诚已经去世六年，此时年逾五十的李清照为《金石录》专门撰写了一篇《〈金石录〉后序》。其影响和研究价值甚至超过了《金石录》本身。

第二件。宋高宗绍兴十九年（1149 年），六十五岁的李清照曾先后两次拜访了自称"懒拙翁"的北宋大书画家米芾之子米友仁，请米友仁为自己与赵明诚年轻时收藏的两幅米芾的字帖题跋。而此时，米友仁已经年过八十。

米友仁本身便是宋朝著名的书法大家。岳珂《宝真斋法书赞》卷十九中有相关跋语的记载。米友仁跋语云："易安居士一日携前人墨迹临顾，中有先子留题。"其落款为"敷文阁直学士、右朝义大夫、提举佑神观有人谨跋"。两年之后，米友仁便去世了。

人各有命。李清照本身的蕙质兰心与禀异的文学天赋，以及她多欢喜又多舛错的生涯之光，都注定她要成就一段传奇。而那一些过去，激烈的，昂扬的。欢悦的，哀绝的。清淡的，凌虐的。瞬间的，漫长的。都成为这个女子一个人的史诗里亮丽的线索。

　　如此，若是说还能有比这名女子更情深义重的，怕是也只有那天上的比翼鸟，那人间的连理枝了。人生是一场奇遇，她与他，在这红尘里辗转蹉跎，来去匆匆。

　　执子之手，与子共著。
　　执子之手，与子同眠。
　　执子之手，与子偕老。
　　执子之手，夫复何求？

　　至此，世人都可见到，她生命的光渐次盛大起来，然后变成极致翎羽。这个世界的艰深与荒芜不过只是衬托。她生之绚烂，充满光芒。她是迷人的，亦是蛊惑人心的。而对她，这世界上有这么多的人，孜孜去爱，并是如此甘愿。时间记得，曾有一名女子，视爱如生命。

　　她盈盈泪眼消失于光中。
　　梦里花落多少。唯有心知。

　　见花开。又花落。
　　再回首。恍然如梦。

　　终了，一切尽在不言中。

附 录

绝代风华绝代词

一、李清照诗文

李清照 / 和张文潜浯溪中兴颂二首

五十年功如电扫，华清花柳咸阳草。

五坊供奉斗鸡儿，酒肉堆中不知老。

胡兵忽自天上来，逆胡亦是奸雄才。

勤政楼前走胡马，珠翠踏尽香尘埃。

何为出战辄披靡，传置荔枝多马死。

尧功舜德本如天，安用区区纪文字。

著碑铭德真陋哉，乃令鬼神磨山崖。

子仪光弼不自猜，天心悔祸人心开。

夏商有鉴当深戒，简策汗青今具在。

君不见，当时张说最多机，虽生已被姚崇卖。

君不见惊人废兴传天宝，中兴碑上今生草。

不知负国有奸雄，但说成功尊国老。
谁令妃子天上来，虢秦韩国皆天才。
花桑羯鼓玉方响，春风不敢生尘埃。
姓名谁复知安史，健儿猛将安眠死。
去天尺五抱瓮峰，峰头凿出开元字。
时移势去真可哀，奸人心丑深如崖。
西蜀万里尚能返，南内一闭何时开。
可怜孝德如天大，反使将军称好在。
呜呼！奴辈乃不能道辅国用事张后尊，
乃能念春荠长安作斤卖。

李清照 / 打马图序

　　慧即通，通即无所不达；专即精，精即无所不妙。故庖丁之解牛，郢人之运斤，师旷之听，离娄之视，大至于尧、舜之仁，桀、纣之恶，小至于掷豆起蝇，巾角拂棋，皆臻至理者何？妙而已。后世之人，不惟学圣人之道，不到圣处。虽嬉戏之事，亦得其依稀仿佛而遂止者多矣。夫博者无他，争先术耳，故专者能之。予性喜博，凡所谓博者皆耽之，昼夜每忘寝食。但平生随多寡未尝不进者何？精而已。自南渡来，流离迁徙，尽散博具，故罕为之，然实未尝忘于胸中也。今年冬十月朔，闻淮上警报。江、浙之人，自东走西，自南走北，居山林者谋入城市，居城市者谋入山林，旁午络绎，莫知所之。易安居士亦自临安溯流，涉严滩之险，抵金华，卜居陈氏第。乍释舟楫而见轩窗，意颇适然，更长烛明，奈此良夜何？于是乎博奕之事讲矣。且长行、叶子、博塞、弹棋，世无传者。打褐、大小猪窝、族鬼、胡画、数仓、赌快之类，皆鄙俚，不经见。藏酒、摴蒱、双蹙融，近渐废绝。选仙、加减、插关火，质鲁任命，无所施人智巧。大小象戏、奕棋，又惟可容二人。独采选、打马，特为闺房雅戏。尝恨采选丛繁，劳于检阅，故能通者少，难遇劲敌。打马简要，而苦无文采。按打马世有二种：一种一将十马者，谓之关西马；一种无将二十马者，谓之依经马。流行既久，各有图经凡例可考。行移赏罚，互有同异。又宣和间，人取二种马，参杂加减，大约交加侥幸，古意尽矣。所谓宣和马者是也。予独爱依经马，因取其赏罚互度，每事作数语，随事附见，使儿辈图之。不独施之博徒，实足贻诸好事。使千万世后，知命辞打马，始自易安居士也。时绍兴四年十一月二十四日，易安室序。

李清照 / 打马赋

岁令云徂，卢或可呼。千金一掷，百万十都。樽俎具陈，已行揖让之礼；主宾既醉，不有博奕者乎！打马爰兴，捣蒱遂废。实小道之上流，乃闺房之雅戏。齐驱骥騄，疑穆王万里之行；间列玄黄，类杨氏五家之队。珊珊佩响，方惊玉蹬之敲；落落星罗，忽见连钱之碎。若乃吴江枫冷，胡山叶飞；玉门关闭，沙苑草肥。临波不渡，似惜障泥。或出入用奇，有类昆阳之战；或优游仗义，正如逐鹿之师。或闻望久高，脱复庾郎之失；或声名素昧，便同痴叔之奇。亦有缓缓而归，昂昂而出。鸟道惊驰，蚁封安步。崎岖峻坂，未遇王良；蹢躅盐车，难逢造父。且夫丘陵云远，白云在天，心存恋豆，志在著鞭。止蹄黄叶，何异金钱。用五十六采之间，行九十一路之内。明以赏罚，核其殿最。运指麾于方寸之中，决胜负于几微之外。且好胜者人之常情，小艺者士之末技。说梅止渴，稍苏奔竟之心；画饼充饥，少谢腾骧之志。将图实效，故临难而不回；欲报厚恩，故知机而先退。或衔枚缓进，已逾关塞之艰；或贾勇争先，莫悟阱堑之坠。皆因不知止足，自贻尤悔。况为之不已，事实见于正经；用之以诚，义必合于天德。故绕床大叫，五木皆卢；沥酒一呼，六子尽赤。平生不负，遂成剑阁之师；别墅未输，已破淮淝之贼。今日岂无元子，明时不乏安石。又何必陶长沙博局之投，正当师袁彦道布帽之掷也。辞曰：佛狸定见卯年死，贵贱纷纷尚流徙。满眼骅骝杂骎骎。时危安得真致此？老矣谁能志千里，但愿相将过淮水。

李清照 / 词论

乐府声诗并著，最盛于唐。开元、天宝间，有李八郎者，能歌擅天下。时新及第进士开宴曲江，榜中一名士，先召李，使易服隐姓名，衣冠故敝，精神惨沮，与同之宴所。曰："表弟愿与坐末。"众皆不顾。既酒行乐作，歌者进，时曹元谦念奴为冠，歌罢，众皆咨嗟称赏。名士忽指李曰："请表弟歌。"众皆哂，或有怒者。及转喉发声，歌一曲，众皆泣下。罗拜曰："此李八郎也。"自后郑、卫之声日炽，流靡之变日烦。已有《菩萨蛮》《春光好》《莎鸡子》《更漏子》《浣溪沙》《梦江南》《渔父》等词，不可遍举。五代干戈，四海瓜分豆剖，斯文道息。独江南李氏君臣尚文雅，故有"小楼吹彻玉笙寒"、"吹皱一池春水"之词。语虽奇甚，所谓"亡国之音哀以思"也。逮至本朝，礼乐文武大备。又涵养百余年，始有柳屯田永者，变旧声作新声，出《乐章集》，大得声称于世；虽协音律，而词语尘下。又有张子野、宋子京兄弟，沈唐、元绛、晁次膺辈继出，虽时时有妙语，而破碎何足名家！至晏元献、欧阳永叔、苏子瞻，学际天人，作为小歌词，直如酌蠡水于大海，然皆句读不葺之诗尔。又往往不协音律者，何耶？盖诗文分平侧，而歌词分五音，又分五声，又分六律，又分清浊轻重。且如近世所谓《声声慢》《雨中花》《喜迁莺》，既押平声韵，又押入声韵；《玉楼春》本押平声韵，又押上去声，又押入声。本押仄声韵，如押上声则协；如押入声，则不可歌矣。王介甫、曾子固，文章似西汉，若作一小歌词，则人必绝倒，不可读也。乃知词别是一家，知之者少。后晏叔原、贺方回、秦少游、黄鲁直出，始能知之。又晏苦无铺叙。贺苦少典重。秦即专主情致，而少故实。譬如贫家美女，虽极妍丽丰逸，而终乏富贵态。黄即尚故实而多疵病，譬如良玉有瑕，价自减半矣。

李清照 / 投翰林学士綦崇礼启

清照启：素习义方，粗明诗礼。近因疾病，欲至膏肓，牛蚁不分，灰钉已具。尝药虽存弱弟，应门惟有老兵。既尔苍皇，因成造次。信彼如簧之说，惑兹似锦之言。弟既可欺，持官文书来辄信；身几欲死，非玉镜架亦安知。倪俛难言，优柔莫决。呻吟未定，强以同归。视听才分，实难共处，忍以桑榆之晚节，配兹驵侩之下才。身既怀臭之可嫌，惟求脱去；彼素抱璧之将往，决欲杀之。遂肆侵凌，日加殴击，可念刘伶之肋，难胜石勒之拳。局天扣地，敢效谈娘之善诉；升堂入室，素非李赤之甘心。外援难求，自陈何害，岂期末事，乃得上闻。取自宸衷，付之廷尉。被桎梏而置对，同凶丑以陈词。岂惟贾生羞绛灌为俦，何啻老子与韩非同传。但祈脱死，莫望偿金。友凶横者十旬，盖非天降；居囹圄者九日，岂是人为！抵雀捐金，利当安往；将头碎壁，失固可知。实自谬愚，分知狱市。此盖伏遇内翰承旨，缙绅望族，冠盖清流，日下无双，人间第一。奉天克复，本缘陆贽之词；淮蔡底平，实以会昌之诏。哀怜无告，虽未解骖；感戴鸿恩，如真出己。故兹白首，得免丹书。清照敢不省过知惭，扪心识愧。责全责智，已难逃万世之讥；败德败名，何以见中朝之士。虽南山之竹，岂能穷多口之谈；惟智者之言，可以止无根之谤。高鹏尺鷃，本异升沉；火鼠冰蚕，难同嗜好。达者共悉，童子皆知。愿赐品题，与加湔洗。誓当布衣蔬食，温故知新。再见江山，依旧一瓶一钵；重归畎亩，更须三沐三薰。忝在葭莩。敢兹尘渎。

李清照 / 上枢密韩公、工部尚书胡公

绍兴癸丑五月，枢密韩公、工部尚书胡公使虏，通两宫也。有易安室者，父祖皆出韩公门下，今家世沦替，子姓寒微，不敢望公之车尘。又贫病，但神明未衰弱。见此大号令，不能忘言，作古、律诗各一章，以寄区区之意，以待采诗者云。

三年夏六月，天子视朝久。凝旒望南云，垂衣思北狩。
如闻帝若曰，岳牧与群后。贤宁无半千，运已遇阳九。
勿勒燕然铭，勿种金城柳。岂无纯孝臣，识此霜露悲。
何必羹舍肉，便可车载脂。土地非所惜，玉帛如尘泥。
谁当可将命，币厚辞益卑。四岳佥曰俞，臣下帝所知。
中朝第一人，春官有昌黎。身为百夫特，行足万人师
嘉祐与建中，为政有皋夔。匈奴畏王商，吐蕃尊子仪。
夷狄已破胆，将命公所宜。公拜手稽首，受命白玉墀。
曰臣敢辞难，此亦何等时。家人安足谋，妻子不必辞。
愿奉天地灵，愿奉宗庙威。径持紫泥诏，直入黄龙城。
单于定稽颡，侍子当来迎。仁君方恃信，狂生休请缨。
或取犬马血，与结天地盟。
胡公清德人所难，谋同德协心志安。
脱衣已被汉恩暖，离歌不道易水寒。

皇天久阴后土湿，雨势未回风势急。

车声辚辚马萧萧，壮士懦夫俱感泣。

间阎嫠妇亦何知，沥血投书干记室。

夷虏从来性虎狼，不虞预备庸何伤。

衷甲昔时闻楚幕，乘城前日记平凉。

葵丘践土非荒城，勿轻谈士弃儒生。

露布词成马犹倚，崤函关出鸡未鸣。

巧匠何曾弃樗栎，刍荛之言或有益。

不乞隋珠与和璧，只乞乡关新信息。

灵光虽在应萧萧，草中翁仲今何若。

遗氓岂尚种桑麻，残虏如闻保城郭。

嫠家父祖生齐鲁，位下名高人比数。

当时稷下纵谈时，犹记人挥汗成雨。

子孙南渡今几年，飘零遂与流人伍。

欲将血泪寄山河，去洒东山一抔土。

想见皇华过二京，壶浆夹道万人迎。

连昌宫里桃应在，华萼楼前鹊定惊。

但说帝心怜赤子，须知天意念苍天。

圣君大信明如日，长乱何须在屡盟。

李清照 /《金石录》后序

右《金石录》三十卷者何？赵侯德甫所著书也。取上自三代，下迄五季，钟、鼎、甗、鬲、盘、彝、尊、敦之款识，丰碑大碣、显人晦士之事迹，凡见于金石刻者二千卷，皆是正讹谬，去取褒贬，上足以合圣人之道，下足以订史氏之失者皆载之，可谓多矣。呜呼！自王涯、元载之祸，书画与胡椒无异；长舆、元凯之病，钱癖与传癖何殊？名虽不同，其惑一也。

余建中辛巳，始归赵氏。时先君作礼部员外郎，丞相作吏部侍郎，侯年二十一，在太学作学生。赵、李族寒，素贫俭，每朔望谒告，出，质衣，取半千钱，步入相国寺，市碑文果实。归，相对展玩咀嚼，自谓葛天氏之民也。后二年，出仕宦，便有饭蔬衣练，穷遐方绝域，尽天下古文奇字之志。日就月将，渐益堆积。丞相居政府，亲旧或在馆阁，多有亡诗、逸史、鲁壁、汲冢所未见之书。遂尽力传写，浸觉有味，不能自已。后或见古今名人书画，一代奇器，亦复脱衣市易。尝记崇宁间，有人持徐熙《牡丹图》，求钱二十万。当时虽贵家子弟，求二十万钱岂易得耶？留信宿，计无所出而还之。夫妇相向惋怅者数日。

后屏居乡里十年，仰取俯给衣食有余。连守两郡，竭其俸入，以事铅椠。每获一书，即同共勘校，整集签题。得书、画、彝、鼎，亦摩玩舒卷，指摘疵病，夜尽一烛为率。故能纸札精致，字画完整，冠诸收书家。余性偶强记，每饭罢，坐归来堂烹茶，指堆积书史，言某事在某书某卷第几叶第几行，以中否角胜负，为饮茶先后。中即举杯大笑，至茶倾覆怀中，反不得饮而起。甘心老是乡矣！故虽处忧患困穷，而志不屈。

收书既成，归来堂起书库大橱，簿甲乙，置书册。如要讲读，即请钥上簿，关出卷帙。或少损污，必惩责揩完涂改，不复向时之坦夷也。是欲求适意而反取惝慄。余性不耐，始谋食去重肉，衣去重采，首无明珠翡翠之饰，室无涂金刺绣之具，遇书史百家字不刓阙、本不讹谬者，辄市之，储作副本。自来家传周易、左氏传，故两家者流，文字最备。于是几案罗列，枕席枕籍，意会心谋，目往神授，乐在声色狗马之上。

至靖康丙午岁，侯守淄川。闻金人犯京师。四顾茫然，盈箱溢箧，且恋恋，且怅怅，知其必不为己物矣。建炎丁未春三月，奔太夫人丧南来。既长物不能尽载，乃先去书之重大印本者，又去画之多幅者，又去古器之无款识者，后又去书之监本者，画之平常者，器之重大者。凡屡减去，尚载书十五车。至东海，连舻渡淮，又渡江，至建康。青州故第，尚锁书册什物，用屋十余间，期明年春再具舟载之。十二月，金人陷青州，凡所谓十余屋者，已皆为煨烬矣。

建炎戊申秋九月，侯起复，知建康府。己酉春三月罢，具舟上芜湖，入姑熟，将卜居赣水上。夏五月，至池阳，被旨知湖州，过阙上殿。遂驻家池阳，独赴召。六月十三日，始负担舍舟，坐岸上，葛衣岸巾，精神如虎，目光烂烂射人，望舟中告别。余意甚恶，呼曰："如传闻城中缓急，奈何？"戟手遥应曰："从众。必不得已，先弃辎重，次衣被，次书册卷轴，次古器。独所谓宗器者，可自负抱，与身俱存亡，勿忘之！"遂驰马去。

途中奔驰，冒大暑，感疾。至行在，病痁。七月末，书报卧病。余惊怛，念侯性素急，奈何病痁？或热，必服寒药，疾可忧。遂解舟下，一日夜行三百里。比至，果大服柴胡、黄芩药，疟且痢，病危在膏肓。余悲泣，仓皇不忍问后事。八月十八日，遂不起，取笔作诗，绝笔而终，殊无分香卖履之意。

葬毕，余无所之。朝廷已分遣六宫，又传江当禁渡。时犹有书二万卷，金石刻二千卷，器皿、茵褥，可待百客，他长物称是。余又大病，仅存喘息，时势日迫，念侯有妹婿任兵部侍郎，从卫在洪州，遂遣二故吏先部送行李往投之。冬十二月，金人陷洪州，遂尽委弃。所谓连舻渡江之书，又散为云烟矣。独余少轻小卷轴、书帖，写本李、杜、韩、柳集，世说、盐铁论，汉唐石刻副本数十轴，三代鼎鼐十数事，南唐写本书数箧，偶病中把玩，搬在卧内者，岿然独存。

上江既不可往，又虏势叵测。有弟迒，任敕局删定官，遂往倚之。到台，台守已遁，之剡。出陆，又弃衣被走黄岩，雇舟入海奔行朝。时驻跸章安，从御舟海道之温，又之越。庚戌十二月，方散百官，遂之衢。绍兴辛亥春三月，复赴越。壬子，又赴杭。先侯疾亟时，有张飞卿学士，携玉壶过视侯，便携去，其实珉也。不知何人传道，遂妄言有颁金之语，或传亦有密论列者。余大惶怖，不敢言，亦不敢遂已，尽将家中所有铜器等物，欲赴外廷投进。到越，已移幸四明。不敢留家中，并写本书寄剡。后官军收叛卒，取去，闻尽入故李将军家。所谓岿然独存者，无虑十去五六矣。惟有书画砚墨可五七箧，更不忍置他所，常在卧榻下，手自开阖。在会稽，卜居土民钟氏舍，忽一夕，穴壁负五箧去。余悲恸不已，重立赏收赎。后二日，邻人钟复皓出十八轴求赏，故知其盗不远矣。万计求之，其余遂牢不可出。今知尽为吴说运使贱价得之。所谓岿然独存者，乃十去其七八。所有一二残零，不成部帙书册，三数种平平书帖，犹复爱惜如护头目，何愚也邪！

今日忽阅此书，如见故人。因忆侯在东莱静治堂，装卷初就，芸签缥带，束十卷作一帙。每日晚吏散，辄校勘二卷，跋题一卷。此二千卷，有题跋者五百二十卷耳。今手泽如新，而墓木已拱，悲夫！

昔萧绎江陵陷没，不惜国亡而毁裂书画；杨广江都倾覆，不悲身死而复取图书。岂人性之所著，死生不能忘之欤？或者天意以余菲薄，不足以享此尤物耶？抑亦死者有知，犹斤斤爱惜，不肯留在人间耶？何得之艰而失之易也？

呜呼！余自少陆机作赋之二年，至过蘧瑗知非之两岁，三十四年之间，忧患得失，何其多也！然有有必有无，有聚必有散，乃理之常。人亡弓，人得之，又胡足道！所以区区记其终始者，亦欲为后世好古博雅者之戒云。

绍兴二年、玄黓岁壮月朔甲寅，易安室题。

二、漱玉词评话

宋·王灼《碧鸡漫志》：

"易安居士，京东路提刑李格非文叔之女，建康守赵明诚德甫之妻。……若本朝妇人，当推词采第一。赵死再嫁某氏，讼而离之，晚节流荡无归。作长短句能曲折尽人意，轻巧尖新，姿态百出，闾巷荒淫之语，肆意落笔。自古缙绅之家能文妇女，未见如此无顾籍也。"

明·张丑《清河书画舫》引《才妇录》：

"易安居士能书能画又能词，而尤长于文藻。迄今学士每读《金石录序》，顿令心神开爽，何物老妪生此宁馨，大奇大奇。"

清·沈谦《填词杂说》：

"男中李后主，女中李易安，极是当行本色。"

清·王士禛《花草蒙拾》：

"张南湖论词派有二：一曰婉约，一曰豪放。仆谓婉约以易安为宗，豪放稚幼安称首，二安皆吾济南人，难乎为继矣。"

清·徐釚《词苑丛谈》：

"华亭宋尚木征璧曰：'吾于宋词得七人焉，曰永叔，其词秀逸。曰子瞻，其词放诞。曰少游，其词清华。曰子野，其词娟洁。曰方回，其词新鲜。曰小山，其词聪俊。曰易安，其词妍婉。'"

清·纪昀《四库全书总目提要》：

"清照以一妇人，而词格乃抗轶周柳，虽篇帙无多，固不能不宝而存之，为词家一大宗矣。"

清·李调元《雨村词话》：

"易安在宋诸媛中，自卓然一家，不在秦七、黄九之下。词无一首不工。其炼处可夺梦窗之席，其丽处真参片玉之班。盖不徒俯视巾帼，直欲压倒须眉。"

清·沈曾植《菌阁琐谈》：

"易安跌宕昭彰，气调极类少游，刻挚且兼山谷，篇章惜少，不过窥豹一斑。闺房之秀，固文士之豪也。才锋大露，被谤殆亦因此。自明以来，堕情者醉其芳馨，飞想者赏其神骏，易安有灵，后者当许为知己。"

清·王僧保《论词绝句》：

"易安才调美无伦，百代才人拜后尘。比似禅宗参实意，文殊女子定中身。"

清·陈廷焯《白雨斋词话》：

"李易安词，独辟门径，居然可观，其源自淮海、大晟末，而铸语则多生造，妇人有此，可谓奇矣。"

清·陈廷焯《白雨斋词话》：

"两宋词家，各有独至处，流派虽分，本原则一。惟方外之葛长庚，闺中之李易安，别于周、秦、姜、史、苏、辛外，独树一帜，而亦无害其为佳，可谓难矣。然毕竟不及诸贤之深厚，终是托根浅也。"

清·陈廷焯《白雨斋词话》：

"宋闺秀词，自以易安为冠。"

谭正璧《中国文学进化史》：

"中国文学史上很少女性文学作家。汉之蔡琰、唐之薛涛、鱼玄机，已属于凤毛麟角，但是不能站居第一流的地位。只有女词人李清照，却在有宋一代词人中占了个首要地位，独自博得个大作家的荣名。"

郑振铎《文学大纲》：

"经过宋南渡的大变动的，尚有一个伟大的女流作家李清照。她字易安……有《漱玉集》。但她虽经这个大变动，在她的词里却不甚可见什么痕迹。她的作品并不多，然几无一首不好的，她不善作五七言诗，所专致力的乃是词……朱熹说：本朝妇人能文者，惟魏夫人及李易安二人而已。但李易安固不仅为妇女中之能文杰出者，即在各时代的诗人中，她所占的地位也不能在陶潜、李、杜及欧阳修、苏轼之下。"

胡适《国语文史》：

"李易安乃是宋代的一个女文豪，名清照，号易安居士……李清照少年时即负文学的盛名。她的词更是传诵一时的。她的词可惜现存的不多（有王氏四印斋刻本），但我们知道她是最会做白话词的。例如，《一剪梅》（略）、《添字丑奴儿芭蕉》（略），最有名的自然是她的《声声慢》（略），这种白话词真是绝妙的文学，怪不得她在当日影响了许多人。李清照虽生于北宋，到南渡时，她已是五十岁的老妇人了。但她对于北宋的大词家，二晏，欧阳，苏，秦——黄都表示不满意。"

郭沫若1959年为李清照纪念馆题：

"一代词人有旧居，半生漂泊憾何如。冷清今日成轰烈，传诵千秋是著书。"

[注]

本书共收录李清照《漱玉词》全部四十六首，存疑漱玉词八首。共计五十四首词。参考书目有《李清照集注》和《李清照新传》等，部分资料来源于网络。其余参考文献、书目，限于体例、篇幅未能一一列举注明。由于本人能力限囿，书中舛误之处在所难免。私享笔记，本属私物，言语难免主观。望见谅。不当之处，还请方家指正。

图书在版编目（CIP）数据

一种相思两处愁：李清照词传 / 王臣著 . -- 长沙
：湖南文艺出版社，2013.3
ISBN 978-7-5404-5991-8

Ⅰ . ①—… Ⅱ . ①王… Ⅲ . ①李清照（1084 ~ 约
1151）—宋词—诗歌欣赏②李清照（1084 ~ 约 1151）—生平
事迹 Ⅳ . ① I207.23 ② K825.6

中国版本图书馆 CIP 数据核字（2013）第 001593 号

上架建议：文学·诗词鉴赏

一种相思两处愁：李清照词传

作　　者：王　臣
出 版 人：刘清华
责任编辑：薛　健　刘诗哲
监　　制：蔡明菲　潘　良
特约编辑：邹和杰
封面设计：天行健设计
版式设计：李　洁
内文排版：百朗文化
出版发行：湖南文艺出版社
　　　　　（长沙市雨花区东二环一段 508 号　邮编：410014）
网　　址：www.hnwy.net
印　　刷：北京嘉业印刷厂
经　　销：新华书店
开　　本：880mm × 1230mm　1/32
字　　数：235 千字
印　　张：8.5
版　　次：2013 年 3 月第 1 版
印　　次：2014 年 3 月第 2 次印刷
书　　号：ISBN 978-7-5404-5991-8
定　　价：29.80 元
（若有质量问题，请致电质量监督电话：010-84409925）